SILJA MAHLOW

WILLKOMMEN AUF DEM GLÜCKS-PLANETEN

Wie du die Leichtigkeit des Lebens findest

Das Beste aus **Coaching, Achtsamkeit** und **Yoga**

nymphenburger

Inhalt

4	**DEIN GLÜCKSPLANET IST LÄNGST IN DIR**
4	Zeit, dein Glück am Schopf zu packen
5	Mache dich auf den Weg

7	**TEIL I, MACHE DEINEN KOPF FREI**
9	**1. LASSE DEINE GEFÜHLE FÜR DICH ARBEITEN**
9	Die wilde Achterbahn unserer Gefühle
12	Du bist nicht deine Gefühle
16	Umbau im Gehirn
18	Die Power der guten Gefühle
19	Übernehme die Verantwortung für deine Gefühle
26	Reframing – bewusst neue Blickwinkel einnehmen
31	**2. DIE MACHT DER INNEREN VERÄNDERUNG**
31	Lerne deine Bären kennen
36	Lasse alte Emotionen los
42	Bärenabwehr als Abendroutine
43	Aufräumen schafft Raum für mehr
45	**3. LÖSE DIE GRENZEN IN DEINEM KOPF AUF**
45	Weg mit ungünstigen Glaubenssätzen
56	Die Top 5 der negativen Glaubenssätze
59	Glaube nicht alles, was du denkst
61	**4. SO FUNKTIONIERT VERÄNDERUNG**
61	Wann verändern wir uns?
65	Veränderung ganzheitlich angehen
74	Sei geduldig mit dir selbst

77	**TEIL II, LERNE DEINEN GLÜCKSPLANETEN KENNEN**
79	5. SPRINGE AUF EINE NEUE EBENE
81	Du bist mehr!
84	Mythos Meditation
91	Die Brücke ins Jetzt betreten
93	6. IT'S ALL ENERGY, BABY
94	So einfach wirkt Pranayama
97	Ein- und Ausatmung regeln (fast) alles
100	Dein Atem ist dein bestes Messinstrument
103	Energie im Körper – die Bedeutung der Chakren
108	Nutze deine Energie
111	7. WO DEINE SEELE WOHNT
111	Liebe dich von ganzem Herzen
123	8. MACHE DICH AUF DEN WEG
123	Yoga ist für alle da
135	**TEIL III, KOMME AN AUF DEINEM GLÜCKSPLANETEN**
137	9. LEBE IM LICHT
138	Lerne zu vertrauen
140	Im Fluss sein
141	Glaube doch, was du willst
159	10. GEMEINSCHAFT LEBEN
159	Sei ein guter Mensch
166	Lebe in Liebe
168	Der finale Schritt: Vergib auf allen Ebenen
170	Mache es dir auf deinem Glücksplaneten so richtig gemütlich
172	QUELLENANGABEN UND ANHANG
173	DANKSAGUNG

Dein Glücksplanet ist längst in dir

Dies ist eine Einladung auf deinen ganz eigenen Glücksplaneten. Ein Ort in dir, in dem dein Glück wohnt, und zwar unabhängig von allem Außen. Kaum zu glauben? Nun, dann wird es Zeit, umzulernen und aufzuräumen. Darum bist du hier. Es gibt einen Grund, warum dieses Buch in deiner Hand gelandet ist. Atme durch: Du bist dazu gemacht, glücklich zu sein, auch wenn es sich nicht immer so anfühlt und das Leben manchmal ordentlich anstrengend scheint. Lass uns schauen, wie du den Zustand in dir wiederfinden lernst und ihn zu deinem Zuhause machst. Was wir tun, ist mehr ein Erinnern, ein Umlernen, ein Umdenken und vor allem ein Zurückkommen – und das macht richtig Spaß!

ZEIT, DEIN GLÜCK AM SCHOPF ZU PACKEN

Vielleicht gibt es auch bei dir Momente, in denen du eine zu hohe Anstrengung bemerkst und eine Sehnsucht in dir erwacht. In diesen Momenten steigt die Ahnung auf, dass da mehr sein muss. Dass das Leben nicht als Hamsterrad und ständige Rennerei gemeint ist. Du beginnst dich zu beobachten und entdeckst, dass du manchmal wie automatisch lebst. Die oberflächlichen Ablenkungen und kurzfristigen Vergnügungen werden ab diesem Moment unwichtiger. Du machst dich auf, den Sinn zu suchen, das tiefe Glück, die echte Verbindung, was wunderschön ist.

Aber Achtung, bei mir lauerten genau hier meine alten Muster. Ich strengte mich an und machte die Glückssuche genauso mühsam wie alles andere. Ich haderte mit negativen Gefühlen und alten Mustern und war unzufrieden mit mir. Ich nutzte die neuen Selbsthilfetools immer verbissener, um einen Weg zu tiefer Zufriedenheit zu finden.

Falls dir das auch so geht, lehn dich entspannt zurück. Es muss gar nicht so schwer sein, unseren eigenen Glücksplaneten in uns zu entdecken. Sobald wir akzeptieren, dass alles längst in uns ist, wird es leicht. Und selbst, wenn dieser Satz dir noch abstrakt erscheinen mag, seine Wahrheit fühlt sich an wie tiefes Seufzen, denn sie bedeutet: Du brauchst dich nicht optimieren, du bist völlig in Ordnung. Das Einzige, was du dir anschauen darfst, sind ein paar alte Verletzungen, deren Schrammen dich noch heute manchmal verunsichern, und ein paar deiner Automatismen und Programme.

Diese Konditionierungen, also deine ganzen erlernten, oft unbewussten Muster, die dich schon ewig durch dein Leben navigieren, machen es dir manchmal ein wenig schwer. Und genau die schauen wir uns an. Du wirst lernen, sie zu erkennen, zu hinterfragen und zu ersetzen. Du wirst Vertrauen finden, nach innen zu gehen und dich zu entdecken. Das Vertrauen in dich selbst, in deinen inneren Kern und in das Leben wird sich verändern. Es ist, als würdest du eine Brille ablegen, die deine Welt bisher ab und an grau gefärbt hat.

Du erhältst einen Schnelldurchlauf der wirksamsten Schritte und transformierensten Erfahrungen aus 20 Jahren Glückssuche. Ich teile alle Techniken und Wahrheiten mit dir, die leicht, effektiv und natürlich sind, denn in den letzten Jahren habe ich einiges ausprobieren dürfen. Mittlerweile ist dieser Weg mein Beruf geworden. Unzählige Menschen habe ich begleitet, denn den meisten von uns helfen die gleichen Dinge, da wir im Kern – trotz aller Unterschiedlichkeiten – gleich sind. Daher profitierst du auf dieser Reise von meiner eigentlichen Superkraft: Ich war und bin total normal. Ich habe drei Kinder, eine zweite Ehe, ein abgebrochenes und ein beendetes Studium, und immer, wenn ich dachte, ich wüsste, wie es weitergeht, überraschte mich das Leben. Aber je mehr ich lerne, verstehe und übe, umso leichter und klarer wird alles. So wächst die Verbindung zu diesem Planeten in mir, der Gewissheit, Ruhe, Klarheit und Liebe schenkt. Trotzdem stolpere ich immer wieder. Die Techniken sind also auch mein Anker, helfen mir, durch die Tage zu kommen und mich langsam zu entwickeln. Ich freue mich, dass du einen Teil des Weges mit mir gehst.

MACHE DICH AUF DEN WEG

Diese Reise besteht aus drei Teilen, die aufeinander aufbauen und dich zu deinem Glücksplaneten begleiten. Im ersten Teil wirst du lernen, wie dein Gehirn funktioniert und wie du deine Gefühle selbst steuern kannst. Im zweiten Teil begeben wir uns auf den Weg nach innen, sodass du raus aus dem Kopf zu deinem eigenen, glasklaren Kompass findest. Du wirst mit der Stille in dir, deinem Körper und deiner Energie arbeiten und ins Yoga eintauchen. Teil drei ist der Schritt hinaus ins Leben. Wir übertragen das Gelernte in den Alltag und in deine Zukunft. Möge sie wunderbar und voller Glück sein.

Lass uns gemeinsam reisen. Wenn du magst, probiere alles aus, was sich gut anfühlt, und freu dich auf die Magie, die sich automatisch entfaltet, wenn du auf dem Weg den nächsten Schritt gehst. Freue dich darüber, dass du dich entschieden hast, dich auf diese Reise zu machen, dass du dir das wert bist und dass du Lust hast, nicht mehr im Außen zu suchen, sondern alles in dir selbst zu finden. Es ist Zeit, jedes Rennen und jede Anstrengung aufzugeben und das Leben mit Leichtigkeit in die Hand zu nehmen.

Gut, dass du hier bist. Ich wünsche dir viel Spaß, Erkenntnis, Freude!

Silja

TEIL 1
MACHE DEINEN KOPF FREI

In uns wohnen alte Dämonen:
Traurigkeit, Wut und Angst.

Im Alltag nicht zu sehen,
legen sie
einen plötzlichen Nebel
über alles, was ist,
wenn etwas sie ruft.

Doch auch der Nebel ist
wie sein Dämon
eine Illusion,
verschwindet im Licht.

Also Augen auf,
den Dämonen entzaubern,
das Licht hineinlassen,
die Geschichte neu schreiben.

1. Lasse deine Gefühle für dich arbeiten

Du lernst in diesem Kapitel, deinen Kopf für dich zu nutzen und dich nicht mehr von ihm steuern zu lassen. Wie das geht, welche Techniken und Übungen dabei guttun und dich Riesenschritte nach vorn bringen werden – darum geht es in den ersten Kapiteln.

Wir beginnen mit deinem Kopf. Lass dich dabei nicht ins Boxhorn jagen, wenn dir manches kompliziert vorkommt. Nutze einfach die Techniken, die sich für dich gut und passend anfühlen. Sei neugierig, aber überfordere dich nicht. Unseren Geist zu meistern ist kein Sprintziel. Es ist mehr ein Weg, den wir gehen und der uns zu mehr und mehr innerer Freiheit führt. Und genau in dieser Freiheit entdeckst du deinen inneren Glücksplaneten. Du lernst zu erkennen, welche Gedanken dich mit dieser Kraftquelle in dir verbinden und welche dich in Nullkommanichts rauskatapultieren. So kannst du beginnen, Denkangewohnheiten, Glaubenssätze und Routinen sorgsam zu wählen, und fühlen, wie dich das ruhig und klar macht. Zwischendurch wirst du vielleicht das Gefühl haben, Rückschritte zu machen. Das ist normal. Unsere Denkangewohnheiten sind uralt, teilweise älter als wir selbst. Instinkte, Schutzprogramme, all das lässt sich häufig nicht über Nacht umprogrammieren. Doch es geht. Schritt für Schritt, Augenblick für Augenblick.

Erlaube dir selbst, deine Reise mit Freude zu gehen und Spaß zu haben, das wird es dir leichter machen. Richte dich also ein auf eine spannende Reise. Beobachte dich selbst und lerne dich kennen, ohne dich zu verurteilen. Freue dich über jeden Schritt, der gut klappt, und sieh die anderen als Lernauftrag und wichtige Erfahrungen. Wir sind alle zusammen auf dem Weg. Wir üben alle gemeinsam.

So schön, dass du mit an Bord bist.

Bevor es bei mir losging mit Hilfsmitteln wie Yoga und Meditation und einem Verständnis für Psychologie und Coachingtools, waren meine Gefühle in einem ständigen Auf und Ab. Sie bescherten mir ein Drama nach dem nächsten. Ich erinnere mich ein wenig beschämt, wie ich meine Bürste voller Wut gegen den Badezimmerspiegel knallte, weil mich eine Welle von Ärger überkam. Ebenso erinnere ich mich an unendlich scheinende Glückseligkeit in Frankreich-Urlauben am Lagerfeuer. Ich glaube, alle kennen diese Auf und Abs des Lebens und die Auswirkung dieser Gefühlsachterbahn auf Körper und Geist. Wie aber lernen wir, unsere Gefühle zu steuern, und geht das überhaupt?

DIE WILDE ACHTERBAHN UNSERER GEFÜHLE

Ich dachte lange: »So ist es halt. Wenn X passiert, fühle ich Y. So bin ich.« Selbst, wenn mein eigenes Verhalten mich irritiert hat, war ich mir gleichzeitig sicher, dass das halt ich war. Ich war meine Gefühle. Ich war die Furie oder die Unsichere, die sich selbst Kritisierende ebenso wie die Selbstverliebte. Ich war alle. Wir identifizieren uns mit unseren Gefühlen und sagen im Zweifel Dinge wie: »Ich bin ziemlich impulsiv«, oder: »Ich werde schnell unsicher.« Diese selbstgewählten Etiketten können uns durchaus auch einschränken (»Sowas kann ich nicht«) oder ermutigen (»Genau was für mich«). Bei Gefühlsausbrüchen suchte ich die Schuld keineswegs

Freiheit entsteht, wenn die Gefühle nicht mehr alles bestimmen.

nur in mir. Ich fand gute Begründungen für mein Verhalten, schob die Schuld auf andere und fühlte mich nicht selten als Opfer meiner widrigen Umstände, meines Lebens, meiner Mitschüler, Kollegen, Partner, Freunde. Wie viele dachte ich gar nicht darüber nach, meine Gefühle zu kontrollieren. Die Idee kam mir einfach nicht und so war ich ihnen ausgeliefert, ohne den Irrsinn überhaupt in Frage zu stellen.

Dabei muss das nicht so sein. Jeder kann lernen und verstehen, wo all die Emotionen herkommen. Dadurch haben die Dramen in unserem Kopf nach und nach immer weniger Chancen, sich zu entwickeln. Es ist wie eine Befreiung, bei der wir langsam lernen, entspannter und gelassener zu werden. Jeder von uns kann lernen, das eigene Gehirn auf Frieden und Gelassenheit umzuprogrammieren und das Glück und all die guten Gefühle wachsen zu lassen. Betrachten wir einmal deinen jetzigen Zustand: Jeden Moment des Tages hast du irgendeine bestimmte Gefühlslage und einen bestimmten Grad an Wohlbefinden. Ich habe lange geglaubt, mein Wohlbefinden sei von einer Vielzahl von Dingen abhängig. Sie waren ein Spiegel meiner Erlebnisse und bisherigen Erfahrungen.

Das ging ungefähr so:
- Meine Freundin kam zu spät zu einem Treffen? Ich war verärgert und ungeduldig.
- Mein Mann hörte mir nicht richtig zu? Ich war verletzt und eingeschnappt.
- Meine Chefin lobte mich? Ich war erfreut und stolz.

Mein innerer Zustand wurde fast ausschließlich von den äußeren Bedingungen gesteuert. Wie ist das bei dir? Mache zum Start in das Thema die Übung auf der kommenden Seite.

I. LASSE DEINE GEFÜHLE FÜR DICH ARBEITEN

ÜBUNG 1: MACHE DIR DEINE GEFÜHLE BEWUSST

Halte kurz inne und nimm drei tiefe Atemzüge. Fühle dabei die Ausdehnung deines Oberkörpers bei der Einatmung und das Sinken deiner Schultern bei der Ausatmung.

Frage dich: Wie fühle ich mich jetzt gerade, jetzt in diesem Moment?

Bewerte deine Antwort auf einer Skala von 0 (= hundsmiserabel) bis 10 (= bombastisch gut).

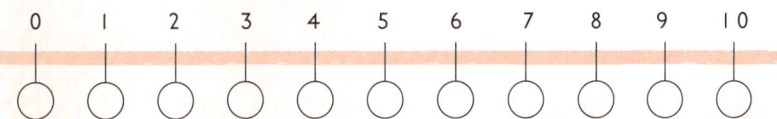

Frage dich dann, während du weiter tief atmest: Woran liegt das? Trage deine Gedanken hier ein:

_____

_____

_____

_____

Wiederhole diese Übung in den nächsten Tagen mehrmals, um deine Gefühlswelt und die dazugehörenden Gedanken zu beobachten. Du kannst dir hierzu eine Erinnerung in deinem Handy einstellen oder einen Zettel gut sichtbar aufhängen, zum Beispiel an deinem Kühlschrank oder am Badezimmerspiegel.

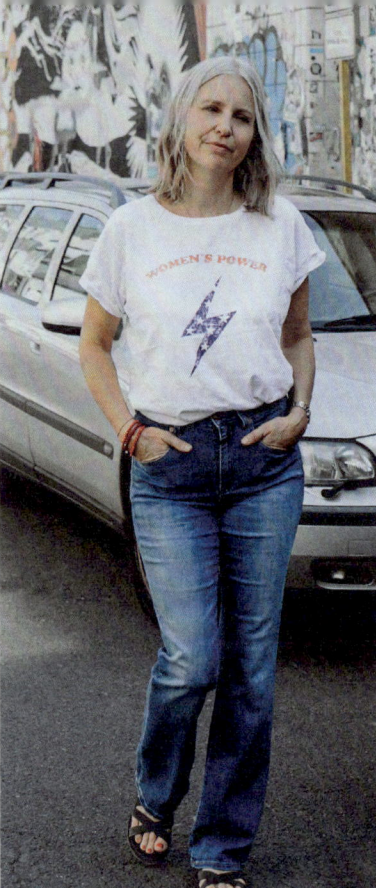

Fortschritt ist, wenn uns unsere Bewertungen bewusst werden.

DU BIST NICHT DEINE GEFÜHLE

Glücklich ist, wer seine eigenen Gefühle verstehen und managen kann. Normalerweise läuft es so ab: Ich bin irgendwo – etwas passiert – und schwups! habe ich eine neue Gefühlslage. Ich sah den Mittelteil, das »Schwups«, sehr lange nicht, dabei ist gerade er so spannend. Bevor mir das bewusst wurde, reagierte ich sofort auf das neue Gefühl.

Das veränderte sich, als ich begriff: All unsere Gefühle sind Folge einer unbewussten Bewertung, einer Kette unbewusster Gedanken. Die reine Sinneswahrnehmung, also was wir riechen, schmecken, fühlen, hören, sehen, wird in unserem Kopf sofort bewertet. Die Grundlage für diese Bewertungen begründet sich in all unseren Erfahrungen, unseren Vorlieben, unseren Erwartungen und vielem mehr. Wir alle haben ein subjektives Bild der Welt in unserem Kopf, in das wir unsere Wahrnehmung integrieren. Hierzu lassen wir unbewusst Details weg, verzerren das Bild oder passen es an. Unsere Reaktion, also unser Gefühl, hängt sehr davon ab, was wir da abgespeichert haben.

Deine Gefühle sind Reaktionen auf Sinneswahrnehmungen oder Gedanken, die du unbewusst und subjektiv bewertest. Mache dir klar: Du bist nicht deine Gefühle. Sie kommen und gehen wie Wellen an einem Strand.

So erklären sich auch die unterschiedlichen Reaktionen auf ähnliche Erlebnisse. Was der eine als Zumutung ansieht, sieht die andere als Geschenk. Und genau hier liegt ein unfassbar guter Hebel: Wenn wir verstehen, warum wir es uns selbst manchmal schwer machen, können wir lernen, unsere Reaktionen zu verändern und unser Weltbild ein wenig verrücken. Das ist sogar unsere Aufgabe, wenn wir es ernst meinen mit unserem ganz eigenen Glücksplaneten.

Wir dürfen lernen, das Ruder selbst in die Hand zu nehmen.

ÜBUNG 2: DEIN COMMITMENT FÜR ZUFRIEDENHEIT, GELASSENHEIT UND INNERES GLÜCK

- Willst du glücklich sein?
- Bist du bereit, etwas in dir zu verändern?
- Hast du Lust zu lernen, die Dinge neu zu betrachten?
- Halte einen Moment lang inne und fühle deine Bereitschaft und die Lust loszulegen. Schreibe auf, welche emotionalen Auf und Abs du satthast. Schreibe alles auf, was dir einfällt – all die kleinen und größeren Dramen. Es wird Zeit zu sehen, wo in deinem Leben du so richtig bereit für Leichtigkeit und Glück bist!

_____

_____

_____

Immer, wenn dir etwas Neues einfällt, ergänze diese Liste. Es ist gut zu wissen, warum du auf diesem Weg bist und was du satthast. Atme tief durch und freue dich, dass du das nun angehen wirst. So gut, dass du hier bist!

Ich glaube, wir alle wissen ziemlich genau, was wir gern loslassen würden und wo wir uns mehr Gelassenheit und Freude wünschen. Es ist normal und menschlich, vom Auf und Ab immer wieder gepackt zu werden. Mir hat geholfen zu verstehen, dass unser Gehirn von Haus aus gar nicht dazu gedacht ist, uns permanent glücklich zu machen. Es ist einfach nicht seine Aufgabe. Sein Hauptzweck ist vielmehr, uns am Leben zu halten.

Dein Gehirn ist nicht dazu da, dich glücklich zu machen. Es hilft dir zu überleben.

Damit wir überleben, hat unser Gehirn ein Frühwarnsystem installiert, das ständig und ganz selbstständig dazulernt. Es ist eine Art Datenbank voll möglicher Gefahren, alter Verletzungen und Erfahrungen. Während wir durchs Leben laufen, gleicht unser Gehirn die eingehenden Sinneswahrnehmungen auf eine Passung mit dieser riesigen Datenbank ab. Sobald ein Match erkannt wird und irgendetwas an alte Gefahren erinnert, leitet ein Teil unseres Gehirns, das limbische System, sofort die nächsten »überlebensnotwendigen« Schritte ein.

Die Sache mit den Bären

Unser limbisches System ist, evolutionär betrachtet, der älteste Teil unseres Gehirns. Es hat schon vor Urzeiten das Überleben unserer Vorvorvorfahren gesichert und so letztlich dafür gesorgt, dass wir heute hier sind. Dieser Teil reagiert unmittelbar und wird manchmal auch das »emotionale« oder »Neandertaler«-Gehirn genannt, da mit ihm ein Großteil der emotionalen Prozesse verbunden ist. Um zu verstehen, was unser limbisches System genau tut, gebe ich dir eine Geschichte aus einer meiner Ausbildung[1] weiter:

DIE GESCHICHTE VOM BÄREN

Die Geschichte handelt von einer unserer Vorfahrinnen, die mit ihrer Familie in einer Höhle lebte und an besagtem Tag hungrig war. So ging sie, wie so oft, mit ihrem selbstgeflochtenen Korb los, um Beeren, Wildkräuter und Pilze zu sammeln. Dazu kletterte sie aus ihrer Höhle und lief in den nahen Wald, durch das Grün zu einer Lichtung. Es war ein wunderschöner Tag und das Licht glitzerte durch die bunten Blätter, als sie begann, ihr Essen zu sammeln. Plötzlich vernahm sie ein lautes Knacken hinter sich. Sie drehte sich um und sah direkt vor sich einen riesengroßen Bären. Nun sind alle Menschen, die damals erst einmal innegehalten hatten, um die Situation zu durchdenken, nicht unsere Vorfahren, sie wurden vermutlich gegessen. Unsere Vorfahrin jedoch handelte sofort. Sie schmiss den Korb zur Seite und rannte los. Ihr Körper reagierte auf die Gefahr, so war sie schnell wie nie und konnte sich in Sicherheit bringen.

Das schafft nur das limbische System. Es übernimmt die Steuerung und sorgt für eine blitzschnelle Reaktion. Bevor wir nachdenken können, reagiert es unmittelbar auf die wahrgenommene Gefahr und setzt eine Stressreaktion in unserem Körper in Gang. Wir sind sofort wacher, aufmerksamer und bereit für Flucht oder Kampf. Unsere Muskeln werden stärker durchblutet und unser Verstand hat eine kurze Pause, er wird einfach übergangen.

> *Dein limbisches System schützt dich vor Gefahren. Du erkennst seine Beteiligung daran, dass du blitzschnell und intuitiv handelst und dein Verstand kurz wie ausgeschaltet scheint.*

Vielleicht bist auch du schon einmal so einem »Bären« in deinem Leben begegnet und wunderst dich noch heute, wie du diese Situation damals bewältigen konntest. Als ich vor Jahren mit dem Rad fuhr und ein Auto bemerkte, das mich beim Abbiegen zu übersehen schien, war ich sofort hellwach. Ich sprang vom Rad und kam mit ein paar kleineren Schrammen davon. Das schöne alte Hollandrad war nicht zu retten. Bis heute glaube ich, dass ich noch nie in meinem Leben davor oder danach so schnell von einem Rad gesprungen bin wie damals.

Für unser eigenes Zustandsmanagement und das Verstehen unserer täglichen Auf und Abs ist es noch spannend zu betrachten, was nach den »Bären« passiert. Es ist nämlich so, dass jedes sehr starke Gefühl uns verändert. In unserem Gehirn wird der Moment, der als Gefahr erlebt wurde, nun ins Frühwarnsystem eingespeist. Jedoch merken wir uns nur die Gefahr, nicht etwa unsere wunderbar kühnen Reaktionen oder Fähigkeiten. Wir erinnern nicht unsere Kraft oder Schnelligkeit, sondern den Schrecken und die Angst. Ab jetzt wird unser Wahrnehmungssystem nach Anzeichen für eine solche Gefahr suchen, um uns schnell in Sicherheit zu bringen. Die Umgebung wird abgescannt, manche Situation vermeiden wir sogar bewusst. Unsere Vorfahrin wird wahrscheinlich nie mehr so unbekümmert auf der Lichtung Beeren gesammelt haben. Etwas in ihr hatte sich verändert. Ich selbst habe jahrelang Kreuzungen auf abbiegende Autos abgesucht und war nicht mehr entspannt beim Radfahren.

Bei diesem ganzen Prozess ist unser Frühwarnsystem sehr subjektiv. So haben mich auf meinem Rad vor allem Kreuzungen unruhig gemacht, während Leidensgenossinnen vielleicht vor allem auf das Geräusch quietschender Bremsen reagiert hätten. Unsere Vorfahrin ist eventuell bei jedem Knacken zusammengezuckt, während eine andere Vorfahrin sich nach einer »Bärenbegegnung« nicht mehr auf Lichtungen getraut haben könnte. Wir lernen unterschiedliche Dinge aus dem, was passiert, und entwickeln so auch unterschiedliche Handlungsprogramme, die uns vermeintliche Sicherheit schenken. Die Handlungsprogramme entstehen unbewusst. Wir können sie also nicht prüfen oder gar entscheiden, ob sie unserem Glück dienen. Im schlimmsten Fall sammeln wir so eine Einschränkung nach der nächsten.

ÜBUNG 3: DEIN FRÜHWARNSYSTEM

Nimm einen tiefen Atemzug und frage dich:

- Wo, wann und wobei fühle ich mich unwohl?

_____

- Welche Situationen sorgen in mir für innere Anspannung?

_____

- Welche Situationen versuche ich zu vermeiden?

_____

Halte die Antworten für dich fest und beobachte diese Fragestellungen in den nächsten Tagen weiter. In Kapitel 2 wirst du einige wirksame Methoden kennenlernen und beginnen, deine Anspannung da, wo es dir guttut, abzubauen.

Da jeder von uns schon mal negative Erfahrungen gemacht hat, kann der Sicherheitsfokus unseres Gehirns unseren heutigen Alltag anstrengend machen. Zwar kämpfen wir weniger mit lebenden echten Bären, dafür schlagen wir uns mit Zeitdruck, Überforderungsgefühlen, Verlassensängsten und anderen Sorgen herum. Jeder »Bär« in unserem Leben hat in uns eine Spur hinterlassen und bestimmt ein Stück weit unsere Verhaltensmuster und Angewohnheiten, genauso wie unseren Blick auf die Welt, unsere Gedanken und unsere Gefühle. Meist scheint uns unsere Anspannung ziemlich normal, denn es gibt kaum Menschen ohne Anspannung. Sie ist wie ein Grundrauschen, an das wir uns oft sogar gewöhnen. In vielen wächst jedoch gleichzeitig die tiefe Sehnsucht nach Sanftheit, Entspanntheit und Ankommen. Um das zu erreichen, heißt es zu lernen, unser Gehirn aktiv umzubauen, und zwar ohne seine natürliche Schutzfunktion zu unterdrücken.

UMBAU IM GEHIRN

Wenn negative Gefühle Spuren hinterlassen, fühlt sich das Ergebnis zwar nicht immer gut an, der zugrunde liegende Prozess jedoch ist wunderbar, denn er bedeutet: Unser Gehirn lernt ständig dazu – es verändert sich andauernd!

Wie gut, dass wir unser Gehirn selbst einfach umbauen können.

Neuroplastizität heißt das Zauberwort. Vor Jahren, als Forscher[2] begannen, mittels Hirnscans die Veränderbarkeit unseres Gehirns bis ins hohe Alter hinein zu belegen, zeigten die Bilder, dass die Masse in unserem Kopf sich in einem ständigen Umbau befindet. Andauernd entstehen neue Nervenzellen und synaptische Verbindungen, während andere sich abbauen und verschwinden.

Die Neuroplastizität unseres Gehirns gibt uns die Verantwortung für unser Glück in unsere eigenen Hände zurück. Egal, was wir erlebt haben, wir dürfen unseren Kopf bewusst füttern und umbauen. Wir sind hier, um zu lernen und zu wachsen und dieses Leben zu meistern. Das muss nicht angestrengt, traurig oder im ständigen Kampf mit uns selbst passieren – wir dürfen es uns leicht machen und unseren Kopf für uns arbeiten lassen.

Alles, was du tust, hinterlässt eine Spur. Es wird Zeit, die Spuren in dir ganz bewusst hin zu mehr Leichtigkeit und Glück zu legen.

Der alte Satz »Übung macht den Meister« wird uns beim Umbau begleiten, denn er fußt quasi auf den Ergebnissen der Neuroplastizität. Tun wir etwas häufiger, üben wir oder beschäftigen uns wieder und wieder mit einer Sache, wird sie irgendwann leicht oder sogar mühelos. Durch Wiederholung werden wir immer routinierter –

das Tun wird mit jedem Mal normaler und natürlicher für uns. So können wir sogar zu Experten in verschiedenen Gebieten werden. Es ist beispielsweise schwierig ein schlechter Koch zu bleiben, wenn man täglich am Herd steht und Essen zubereitet.

Im Gehirn zeigt sich das so: Wir speichern immer mehr Erfahrungen, Emotionen und Details zu einer Sache, und die Nervenzellen dieses Prozesses vernetzen sich immer stärker. So wird das anfangs noch Neue und Ungewohnte mit der Zeit zu einem Teil von uns. Ich liebe es, das zu beobachten, denn es ermutigt so sehr! Erinnerst du dich noch an etwas, mit dem du vor einiger Zeit begonnen hast? Anfangs ist es so schwierig und irgendwann geht es ganz automatisch. Irgendwann ist eine Routine entstanden, und genau das macht Neuroplastizität.

Es wird also Zeit, unser Gehirn so umzubauen, dass wir selbst Fachleute für unser Glück werden. Du kannst dein Gehirn als ein Instrument betrachten, das du lernst zu spielen. Momentan macht es noch so ziemlich, was es will, aber du lernst die Noten und Abläufe und sorgst so dafür, dass nach und nach eine wunderbare Melodie in dir entsteht.

DIE POWER DER GUTEN GEFÜHLE

Beginnen wir mit dem perfekten Gegenpol zu der tendenziell eher negativ ausgerichteten Grundhaltung unseres Wahrnehmungssystems: unseren guten Gefühlen. Freude, Entspannung, Lachen, Hoffnung, Zuversicht, Träumen und Nähe – wir könnten nicht leben, würden uns nicht immer wieder kleine Inseln guter Gefühle durch den Tag retten. Wir ahnen, wie wichtig sie für uns sind, und es wird Zeit, ihre Power bewusster zu nutzen.

Von Natur aus ticken wir so, dass wir nach einem langen Tag eher die Ärgernisse, unsere vermeintlichen Fehler und Sorgen Revue passieren lassen. Die meisten von uns gehen beim Zähneputzen noch die ein oder andere blöde Situation durch oder liegen wach und versuchen doch noch die passende Antwort auf diesen einen nervigen Spruch vom Kollegen zu finden.

Eigene Fehler oder Gemeinheiten verfolgen uns manchmal bis in den Schlaf. Das ist der Fokus unseres Gehirns. Es kann nicht anders, als Wege der Kontrolle und Sicherheit zu suchen. Eigentlich ist das Ganze sogar richtiges Gift, denn wir wiederholen so den Stress des Tages, als könnten wir nicht genug davon bekommen. Unser Gehirn unterscheidet nicht, ob wir »nur« an etwas denken oder es tatsächlich gerade erleben. Ab dem Moment der Erinnerung wird die Situation inklusive der dazugehörenden Gefühle in uns abgerufen. So haben wir sofort wieder »Puls«, wenn wir an einen schlimmen Streit zurückdenken, oder Tränen in den Augen, wenn wir uns an einen Moment tiefer Traurigkeit erinnern. Die konkreten Erinnerungen sind immer mit der dazugehörenden Emotion gespeichert.

> *Dein Gehirn unterscheidet nicht, ob du etwas erinnerst oder erlebst. Glücklich wird, wer lernt, mehr Gutes als Ungutes zu erinnern.*

Um unser Gehirn in Richtung Glück umzubauen, brauchen wir einen Gegenpol zu all dem Kreisen um ungute Gefühle. Wir brauchen ein tägliches Bad in den hellen Momenten unseres Lebens. Den Schwerpunkt in unserem Kopf und unseren Gedanken bestimmen wir selbst, und das jeden Tag aufs Neue. Haben wir das einmal begriffen, können wir aufhören, unserem Umfeld die »Schuld« für unsere negativen Gefühle zu geben, und können beginnen zu üben.

I. LASSE DEINE GEFÜHLE FÜR DICH ARBEITEN

ÜBUNG 4: BADE IN GUTEN GEFÜHLEN

Atme durch und schließe, wenn du magst, deine Augen. Nutze ein paar Atemzüge, um das Gelesene sacken zu lassen, und konzentriere dich dann nur auf die Ein- und Ausatmung.

Denke bewusst an einen Moment aus den letzten Tagen oder Wochen, in dem du dich so richtig wohl gefühlt hast. So ein toller, wunderbarer Augenblick, in dem die Welt einen Moment lang sehr in Ordnung war. Du brauchst nichts Außergewöhnliches zu suchen. Häufig sind es die kleinen, alltäglichen Dinge die uns tief zufrieden werden lassen.

Sobald dir eine Gegebenheit eingefallen ist, atme tief und versetze dich an diesen Zeitpunkt zurück. Stell dir vor, du wärst jetzt da und würdest **genau das** jetzt noch einmal erleben: Sieh nochmal alles, was du damals gesehen hast. Höre die Geräusche. Vielleicht gibt es sogar einen Geruch oder Geschmack, der dich an diesen guten Augenblick erinnert? Dann nimm auch das wahr. Atme tief und fühle, wo in deinem Körper du das gute Gefühl am meisten spüren kannst. Bade ein paar Augenblicke lang im Wohlgefühl und genieße. Spüre, wie es sich ausbreitet. Wenn du genug hast, öffne deine Augen.

Das bewusste Erinnern guter Momente und innerer Zufriedenheit sorgt dafür, dass diese für uns leichter abrufbar werden. In unserem Gehirn ist das so, als würden wir einen sehr zugewachsenen Waldweg immer wieder gehen.

Mit der Zeit wird dieser Trampelpfad zu einer richtigen Straße, die wir leichter bereisen können. Das Gute in unserem Leben wird so zugänglicher und bewusster. Neuroplastizität bedeutet vereinfacht auch, je öfter wir etwas üben, umso leichter wird es. Je mehr wir also in positiven Gefühlen baden, desto einfacher wird es, sie zu fühlen.

ÜBERNEHME DIE VERANTWORTUNG FÜR DEINE GEFÜHLE

Es gibt einen feinen Grad zwischen dem Wegdrücken negativer Emotionen und dem bewussten Zustandsmanagement. Damit du Verarbeiten und Loslassen lernst, wirst du in Kapitel 2 noch einiges zum Umgang mit alten »Bären« und negativen Gefühlen lernen. Allerdings willst du spätestens ab jetzt nicht mehr unnötig lange mit betrübter Stimmung durch dein Leben gehen. Zustandsmanagement bedeutet, dass du die Verantwortung für deine Gefühlswelt übernimmst. Hierzu bist du mit unserer allerersten gemeinsamen Übung bereits den ersten Schritt gegangen, denn die Frage: »Wie geht es mir gerade?«

schafft Bewusstsein für deinen inneren Zustand. Sobald dir deine Emotionen samt ihren Ursachen klarer werden, kannst du lernen, sie zu managen. Du kannst dich beispielsweise noch häufiger fragen: »Was brauche ich jetzt?«

So entsteht echte Selbstfürsorge. Du kannst, wenn die Zeit nervig und der Frust groß ist, bewusst in deinen guten Momenten »baden« und deinem Nervensystem damit eine kleine Pause von der Anspannung gönnen. So wirst du achtsam und Glücksfaktoren werden dir immer bewusster. Vielleicht bemerkst du, dass du nach jedem kleinen Spaziergang in der Natur besser gelaunt zurückkehrst oder dass dich die Telefonate mit dieser einen Freundin immer ein wenig gelassener machen? Wenn das passiert, kannst du dein Leben noch bewusster umbauen und Schritt für Schritt gute Rituale erschaffen.

Lass Dankbarkeit deine Droge werden

Ein weiterer Gamechanger für inneres Glück ist die Dankbarkeit. Sie vereinfacht den Zugang zu positiven Erinnerungen und verändert dauerhaft unsere Wahrnehmung. Sie ist sozusagen die Superkraft im Glückshandwerkskoffer.

ÜBUNG 5: DEINE TÄGLICHE PORTION DANKBARKEIT

Zig Studien belegen, dass Dankbarkeit Zufriedenheit und Glücksgefühle stärkt und uns deutlich widerstandsfähiger macht.[3] Ich praktiziere diese Übung seit Jahren und liebe sie! Sie ist hochwirksam, tut gut, entspannt und macht Spaß.

Schnappe dir ab jetzt jeden Abend dein Notizbuch und frage dich: Für welche Augenblicke, Menschen, Dinge bin ich heute dankbar? Nimm dir dafür Zeit, gehe deinen Tag in Gedanken durch und suche bewusst nach kleinen Begebenheiten, die dir einen Moment voller Glück geschenkt haben. Schreib diese auf und – das ist das Wichtigste an dieser Übung! – schließe die Augen und erlebe diesen Moment noch einmal. Sieh, was du gesehen hast, hör, was es zu hören gab, erinnere den Geschmack und den Geruch. Bade kurze Zeit in diesem Augenblick. Fühl ihn noch einmal, je intensiver, umso besser! Solltest du für Dinge, Umstände oder Menschen dankbar sein, dann erinnere auch hier konkrete Augenblicke, in denen du fühlen konntest, wie wichtig und schön all das für dich ist. Fühle auch das noch einmal, indem du diesen Augenblick erneut erlebst. Mache dir keine Sorgen, wenn das bewusste Erinnern alltäglicher Glücksmomente schwierig erscheint. Alles wird mit Übung leichter, also bleib dran.

Dankbarkeit ist, das Wunder mitten im Alltag zu sehen.

Sobald du beginnst, täglich in Dankbarkeit auf deinen Tag und seine kleinen und großen Wunder zurückzuschauen, verändert sich dein Blick. Es ist, als würdest du langsam die Brille wechseln, durch die du bisher auf die Welt geschaut hast. Unsere Wahrnehmung und die Art, wie wir mit ihr durch die Welt gehen, ist stark geprägt von unseren Erfahrungen, den dazugehörenden Emotionen und unserem Fokus. Der Fokus ist nun das, was du mit dieser Praxis grundlegend veränderst. Du kennst seine Kraft aus deinem Alltag. Suchst du beispielsweise ein Auto in einer bestimmten Farbe oder von einer bestimmten Marke, fällt dir viel häufiger diese Art von Autos ins Auge.

Eine gute Dankbarkeitspraxis ist daher Gold wert. Sie sorgt für eine bessere Erinnerung der schönen Augenblicke des Lebens und schafft damit ein Gefühl von innerer Fülle und Dankbarkeit. Gleichzeitig formt sie einen freundlicheren Blick auf die Welt. Du beginnst, bewusst und unbewusst, regelrecht nach guten Momenten zu suchen. Die Brille, mit der du auf die Welt schaust, verändert sich mit jedem Schritt. Es ist, als würde sie sich langsam rosa färben. Dein Gehirn baut sich um und das Glas scheint halb voll. Ein wichtiger Samen ist gepflanzt.

Dein innerer Fokus bestimmt, was du wahrnimmst.

Her mit den guten Gefühlen!
Die so entstehende Positivität kannst du mit einfachen Tricks noch weiter ausbauen, wenn du nicht nur mit der bewussten Erinnerung, sondern auch mit der bewussten Wahrnehmung im Hier und Jetzt arbeitest.

Mal angenommen, du stehst an einem Morgen auf und siehst die Sonne gemütlich über die Häuserdächer kriechen. Das Licht scheint dir ins Gesicht und taucht die Welt kurz in einen ganz besonderen Glanz. Solche kurzen Augenblicke des Staunens und tiefen Friedens haben eine besondere Kraft. Du spürst diese Energie und hältst automatisch inne. Versuche, solche Momente ab jetzt regelrecht einzuatmen und die dazugehörende Welle positiver Gefühle bewusst durch dich hindurchfließen lassen, bevor der Alltag weitergeht.

ÜBUNG 6: GEHE IN DIE VERLÄNGERUNG

Versuche ab heute bewusst täglich mindestens einen Augenblick voller Magie für ein bis zwei Sekunden zu verlängern. Atme tief ein und stell dir vor, wie du alles, was gerade passiert, noch bewusster in dir aufnehmen kannst. Sieh die Szenerie, nimm den Geruch und den Geschmack wahr, höre die Geräusche noch klarer und sei wie ein Schwamm für die kleinen Wunder deines Lebens! Fühle noch bewusster als bisher, wie in solchen Momenten eine Welle des Wohlbefindens durch dich strömt. Du weißt längst, dass Augenblicke wie diese dein Leben reich machen.

Du kannst sogar andere mitnehmen. Teile die schönen Momente, sprich über Gutes und über das, was du an deinem Gegenüber schätzt, oder was in deinem Leben gerade angenehm oder motivierend ist. Wenn wir Freude und Herzlichkeit teilen, wachsen sie auch in uns und wir machen die Welt ein bisschen heller. Manchmal ist das jedoch nicht so leicht. Wir alle haben ein natürliches Bedürfnis nach Bindung und Vernetzung. Daher suchen wir die Gemeinsamkeit und mögen es, wenn uns Themen verbinden, was nicht selten zu gemeinsamem Klagen, Lästern oder Beschweren führt. Frei nach dem Motto »Geteiltes Leid ist halbes Leid« baden viele Menschen in solchen Momenten gemeinsam mit den Gesprächspartnern in negativen Gefühlen. Falls das bei dir manchmal auch so ist, starte das Experiment »Good vibes only« und versuche nur noch über Gutes zu sprechen. Die Stimmung verändert sich sofort, wenn du nur über Positives sprichst. Aber Achtung: Solltest du Menschen in deinem Umfeld haben, die noch gern Energie aus negativen Themen zu ziehen scheinen, überfordere sie nicht. In Kapitel 10 erfährst du, wie du dich selbst vor negativen Energien schützen kannst.

WENN ES EINMAL SCHWERFÄLLT

Das Suchen nach positiven Augenblicken, das Einatmen und Verlängern schöner Momente klappt meist deutlich leichter an den guten Tagen, wenn das Leben leicht ist. Das ist normal. Überfordere dich nicht und zwinge dich nie dazu, krampfhaft Gutes zu suchen. Insbesondere, wenn du dich gerade verzweifelt, traurig oder wütend fühlst. Übe, wenn du dich danach fühlst. Es tut gut, fast so, als würdest du an einem bewölkten Tag dieses eine Stück blauen Himmel suchen. Zwischen all den Wolken gibt es immer einen winzigen Fleck Helligkeit, der Hoffnung und Stärke schenken kann.

Wirf deinen Anker

Neben dem Verlängern der guten Momente und der täglichen Dankbarkeitspraxis kannst du noch eine wirkungsvolle Methode aus dem NLP (Neuro-Linguistisches Programmieren: Das ist quasi ein Werkzeugkasten für Coaches) für das eigene Zustandsmanagement nutzen: Das sogenannte »Ankern«. Unser Gehirn speichert ständig potenzielle Gefahren und sorgt dafür, dass wir sofort reagieren, wenn etwas auf eine solche hinweist.

Letztlich kann *alles* eine solche Reaktion auslösen. Es ist ein bisschen wie ein Schalter, der gedrückt wird. Riechen wir beispielsweise etwas, ruft unser Gehirn das passende Gefühl ab. Die meisten von uns kennen das zum Beispiel von Lebensmitteln, von denen uns einmal übel geworden ist. Gelangt dieser Geruch erneut in die Nase, überkommt uns sofort ein Gefühl von Abscheu und ein inneres Schaudern. Das funktioniert ebenso bei besonderen Geräuschen, Personen, Orten oder bestimmten Worten.

Du hast unzählige innere »Schalter«.

Das Ankern funktioniert auf mehrere Arten und ist einfach. Du kannst es auf zwei Arten nutzen. Bei der ersten Möglichkeit nutzt du das Ankern direkt, wenn du gerade etwas erlebst. Das ist die Weiterführung von Übung 6, dem Bad im Augenblick. Beim Ankern baust du das aus und versiehst es mit einer selbstgewählten Erinnerungsbrücke, dem »Anker«. Folge dafür diesen Schritten:

1. Nehme wahr, dass ein Moment besonders ist.
2. Nun gehe bewusst deine Sinne durch: Schaue genau hin, lausche allen Geräuschen, schmecke und rieche, und dann fühle, wie sich dein Körper anfühlt, wenn das Leben so schön ist.
3. Schließe, wenn du kannst, kurz die Augen, um dieses innere Gefühl intensiv zu fühlen. Nimm wahr, wo es sitzt und wie es sich ausbreitet oder mehr wird.
4. Deinen Anker wählst du selbst. Du kannst ein inneres Bild von dem Augenblick abspeichern

Mache deine guten Gefühle leichter abrufbar.

oder dir mit dem Finger auf einen Punkt am Körper drücken (das ist dann wirklich wie ein Knopf) oder den Geruch abspeichern. Ich nehme manchmal ein Wort, das ich mir wie eine Überschrift über der Szene vorstelle, und verbinde dieses innere Bild mit dem Gefühl in meinem Körper.

5. Spring ein paarmal zwischen deinem Anker und der Emotion hin und her, um die Verbindung zu stärken.
6. Der Anker ist nun erst einmal mit der Emotion verbunden und die Welle dieses Gefühls flutet wieder an, wenn du den Punkt drückst oder an das Bild denkst/das Musikstück hörst /den Geruch riechst etc.

Ich selbst habe jahrelang meine Lieblingssonnencreme mit mir herumgeschleppt, um sie in tristen Momenten auf meinen Handrücken zu schmieren und mit einem tiefen Atemzug den Anker »Urlaubsgefühl« zu aktivieren. Heute habe ich immer ein paar ätherische Öle dabei, die mich bei meinem Zustandsmanagement unterstützen. Gehe mit Intuition und Kreativität an die Sache heran und mache dir so das Leben ein bisschen leichter.

ÜBUNG 7: DAS ANKERN GUTER ERINNERUNGEN

Die zweite Möglichkeit ist das Ankern schöner, vergangener Momente. Setze dich hierfür gerade hin, schließe die Augen und entspanne dich mit ein paar tiefen Atemzügen. Frage dich: Welcher wunderbare, schöne, goldene Moment meines Lebens fällt mir heute ein? Nun lass dich überraschen, welche Szene aus deinem Leben dir mit den nächsten Atemzügen in den Sinn kommt. Sobald du eine schöne Szene aus deinem Leben erinnerst, atme und verharre in ihr:

- Schau dir alles nochmal genau an, so als wärst du jetzt in diesem Moment. Höre auch alle Geräusche, rieche und schmecke so wie damals.

- Dann atme tief und fühl in deinem Körper, wo du das gute Gefühl dieser Situation in dir spüren kannst. Spüre die Stelle und finde die Art, wie diese Empfindung mehr wird.

- Wähle, wenn du dein Gefühl stark spüren kannst, einen Anker. Das kann ein Druck mit deinem Finger zum Beispiel auf deinen Arm sein oder ein inneres Foto des Moments, ein Geruch oder eine Liedzeile. Spüre die Verknüpfung von Emotion und Anker.

- Ein paarmal nutze den Anker, während du noch in diesem Moment bist, dann komm zurück in das Jetzt und öffne langsam die Augen.

- Teste den Anker noch einmal und erfreue dich daran, dass dieses Gefühl nun so gut abrufbar ist. Sollte diese Übung noch nicht funktioniert haben, wiederhole sie einfach, so oft du magst. Es gilt auch hier: Übung macht den Meister.

Da unser Gehirn sowieso ständig und für uns unbewusst Anker setzt und so unser Frühwarnsystem um neue »Knöpfe« erweitert, tut es uns gut, positive, stärkende Anker selbst zu setzen. Sozusagen als innere Gegenkraft für ein mutiges und selbstbestimmtes Leben. Es ist eine der Möglichkeiten, das eigene Gehirn umzubauen und Positives in den Vordergrund zu stellen. Lass deiner Kreativität hierbei freie Bahn und vertraue deiner Intuition. Die Anker können nach einer Zeit verschwinden. Es gibt keine Maximalzahl oder Ähnliches. Du kannst nicht zu viel tun. Achte einfach darauf, dass jede Körperstelle und jedes innere Bild nur einmal »besetzt« ist. Ich nutze seit Jahren diverse Anker, um mich für aufregende oder besondere Momente zu stärken. Wenn ich zum Beispiel vor vielen Menschen sprechen soll und ein Gefühl von Anspannung oder Unruhe aufkommt, erinnere ich mich an einen Augenblick aus meiner Vergangenheit, der mir ein Gefühl von Zuversicht, Erfolg und innerer Freiheit schenkt. So stärke ich mich für das, was kommt.

> *Du kannst jederzeit mit bewussten Ankern dafür sorgen, dass gute und stärkende Gefühle für dich leichter abrufbar werden.*

REFRAMING – BEWUSST NEUE BLICKWINKEL EINNEHMEN

Eine weitere wunderbare Technik, um den eigenen Blick auf die Welt positiv zu verändern, ist das sogenannte »Reframing«. Diese Technik kommt ebenfalls aus dem NLP. Mit dem Reframing lernst du etwas ganz bewusst in einen anderen Rahmen zu setzen und so deinen Blickwinkel von Mangel auf Fülle und Akzeptanz zu verändern.

Mein Lieblingsbeispiel für ein Reframing ist meine Schwäche für Kramschubladen. Fast jeder hat Schwächen, die er nicht wirklich mag, die aber trotzdem nicht ernsthaft angegangen und verändert werden. Meine Schwäche sind Kramschubladen. In unserem Haushalt gibt es, egal wie viel Mühe ich mir auch gebe, eine beachtliche Menge solcher Schubladen. Hier sammeln sich die verschiedensten Dinge, vom Ausweis über Fotos, Brillen und Pflastern bis zum Haushaltsgummi. Nervtötend ist, dass ich durch diese Angewohnheit immer einmal wieder verzweifelt nach dem ein oder anderen scheinbar verschollenen Einzelstück suchen muss. Irgendwann, so träume ich übrigens, werde ich sicher auf magische Weise eine von diesen minimalistischen Personen. So eine von denen, die genau wissen, wo sich welche wichtige Kleinigkeit versteckt. Meine Angewohnheit des wahllosen Ablegens in Schubladen kann man allerdings auch anders betrachten:

Die erste Möglichkeit für ein Reframing ist, es unter anderen Umständen zu sehen. Manche Dinge sind nämlich in manchen Situationen so richtig gut. Mein Blick auf die Anzahl des Krams änderte sich drastisch, als vor Jahren bei uns eingebrochen wurde. Traurigerweise wurde bei diesem Einbruch fast mein ganzer Schmuck gestohlen. Die Diebe schnappten sich die Schmuckschatulle, die praktisch und griffbereit auf der Schlafzimmerkommode stand, und öffneten zwei meiner berüchtigten Schubladen. Hier passierte (Pause, Trommelwirbel): nichts. In meiner Vorstellung öffneten sie diese und riefen laut: »Abbruch!«, um dann fluchtartig die Wohnung des Schreckens zu verlassen. Eventuell lief es weniger dramatisch ab. Wie auch immer es nun tatsächlich war, fest steht, dass keine der Kostbarkeiten in diesen Schubladen geklaut wurde. Im Kontext des Einbruchs finde ich mein Rumgekrame gar nicht mehr so schrecklich. Im Gegenteil. Wie gut, dass ich wenigstens bei Bargeld und Sparbüchern nicht so aufgeräumt unterwegs war wie bei meinem Schmuck, oder? Bis heute bin ich, wenn ich nicht gerade etwas suche, milder, wenn es um meine Schubladen geht.

Finde den guten Grund

Eine weitere Möglichkeit für ein Reframing ist zu überlegen, was der gute Grund für etwas sein könnte. Schauen wir nochmal auf die Unordnung in den Schubladen – sie bedeutet ja auch: Ich mache etwas nicht oder nicht besonders gut (Schubladen-Aufräumen). Die Frage ist: Was könnte der Grund dafür sein? Etwas nicht zu tun, bedeutet meist, dass uns andere Dinge

Neue Blickwinkel helfen das Gute zu finden.

wichtiger sind – was stimmt! Die Ordnung ist mir nicht wichtig genug. Statt zu räumen, zu sortieren oder wegzuschmeißen, arbeite ich lieber an Projekten, genieße Zeit mit meinen Lieben oder lese. Ordnung in Schubladen ist mir schlichtweg nicht so wichtig. Ein Teil von mir will sich kühn in der Vorstellung sonnen, dass ich ein richtiger (Schubladen-)Freigeist bin.
Diese Art des Reframings tut aus zwei Gründen gut:

1. Es lenkt unsere Aufmerksamkeit auf den guten Grund unseres Handelns und sorgt gleichzeitig dafür, dass dieser Blickwinkel für uns heimischer wird. Statt nach dem Fehler oder der bösen Absicht zu suchen, trainieren wir unser Gehirn darauf, das Gute oder zumindest die gute Absicht zu sehen. Dieser Blickwinkel schenkt uns ein Gefühl von Frieden. Stell dir vor, wir alle lernen zu glauben, dass jeder von uns nach bestem Wissen und Gewissen handeln würde. Auch wenn einmal was danebengeht, hilft der gute Grund, den Kern sehen zu lernen.

2. Im Umgang mit uns selbst sorgt diese Art des Blickwinkels für mehr Raum zum Durchatmen. Wir sind häufig so gestresst von all der Selbstoptimierung und fühlen uns unzulänglich. Zeit, die Schwächen und kleinen Macken, die nicht wirklich weh tun, ein wenig zu umarmen. Ein Reframing ist dafür die perfekte Technik. Mit ihr lernen wir das besser anzunehmen, was wir gerade ohnehin nicht ändern können.

ÜBUNG 8: SETZE EINEN NEUEN RAHMEN

Mit Sicherheit hast auch du eine Schwäche, die du nicht so sehr an dir magst, die du allerdings gerade auch nicht aktiv verändern willst. Finde so eine Kleinigkeit und schreibe sie dir auf:

_____

_____

Nun übe deinen Reframing-Muskel und frage dich: In welchen Situationen oder unter welchen Gegebenheiten wäre/ist diese vermeintliche Schwäche sogar ganz gut?

_____

_____

Was ist der gute Grund für dieses Verhalten? Wofür macht es Platz? Wofür sorgt es insgeheim?

_____

_____

Genieße deine Kreativität und stelle Hypothesen auf. Es ist anfangs ungewohnt, den Blickwinkel zu wechseln, zugleich macht es aber riesig Spaß. Übungen wie diese zeigen dir, wie sehr unsere Gefühle von unseren eigenen Bewertungen abhängen. Vielleicht fühlst du dich nach dieser Übung etwas leichter.

Das Reframing scheint vielleicht wie eine Spielerei, doch wir nutzen diese Technik intuitiv schon häufiger. So entschuldigen wir beispielsweise Menschen, die wir sehr gern mögen, schneller und finden ihre »guten Gründe« mit Leichtigkeit. Je mehr wir unser Gehirn auch hier trainieren und quasi Fachleute für gute Absichten werden, umso milder werden wir mit unserem Umfeld. Das bedeutet nicht, dass wir von nun an alles mit uns machen lassen (dazu später mehr). Wir lernen jedoch Toleranz, und die fühlt sich so viel besser an, als überall Fehler zu suchen. Das Reframing kannst du immer anwenden, wenn dich etwas wirklich nervt, ärgert, stört, du aber gerade nichts verändern kannst oder willst. Frei nach dem ersten Teil dieses bekannten Gebets[4]:

> *»Gott, gib mir die Gelassenheit,*
> *Dinge hinzunehmen,*
> *die ich nicht ändern kann,*
> *den Mut, Dinge zu ändern,*
> *die ich ändern kann,*
> *und die Weisheit, das eine vom*
> *anderen zu unterscheiden.«*

Kritische Gedanken stressen uns nur. Sie aktivieren unser Frühwarnsystem und versetzen uns in latenten Stress und in Anspannung. Lernen wir da, wo es möglich scheint, milder zu schauen und das Gute in allem zu sehen, entspannen wir uns.

Übernehme das Steuer
All die Übungen in diesem Kapitel dienen dem Umbau deines Gehirns. Sobald du die Entscheidung getroffen hast, in dir das Glück zu finden, ändert sich alles.
Nun baust du dein Gehirn um und entscheidest über die Brille, mit der du auf deine Welt schaust. Du kannst quasi dein Gesicht selbst immer wieder zum Positiven und Guten drehen und dir so selbst Stärke und Widerstandskraft schenken.

2. Die Macht der inneren Veränderung

Lass uns in diesem Kapitel deinen alten Dämonen auf die Spur kommen und gemeinsam Wege finden, wie du mit ihnen umgehen und dir selbst helfen kannst.

Dein innerer Glücksplanet wird noch zugänglicher, sobald du einen wirkungsvollen Umgang mit deinen negativen Erfahrungen, alten »Bären« und Gefühlsausbrüchen findest. Auch mit denen, die bisher nicht regulierbar erschienen.

Immer, wenn du dich plötzlich ohnmächtig, hilflos, wütend oder ängstlich fühlst, solltest du genau hinschauen. Wann immer dich eine Emotionswelle überrollen will, braucht es die richtigen Techniken.

LASS DIR HELFEN

Beachte bitte immer, dass all dies keinen Arzt, Heilpraktiker oder psychologischen Psychotherapeuten ersetzt. Finde professionelle Hilfe, wenn du das Gefühl hast, dies sei nötig. Hinten im Buch findest du Adressen, die dir bei Bedarf weiterhelfen können.

LERNE DEINE BÄREN KENNEN

Ich glaube, jeder von uns kennt das ein oder andere Tief und meines kam eines Tages gewaltig. Ich wusste, dass ich nicht mehr Herr meiner Gefühlslage war, als ich in Tränen aufgelöst vor meinem Kleiderschrank saß und nicht mehr aufhören konnte zu weinen. Ich fühlte mich verzweifelt und wusste nicht, warum. Es war eine solch tiefe Traurigkeit in mir, dass ich in diesem Moment nicht einmal mehr sprechen konnte. Ich kann nicht sagen, wie lange ich dort saß. Es war mein emotionaler Tiefpunkt. Was war passiert? Nun, seit Wochen rannte ich angespannt und zu schnell durch mein Leben. Angestrengt versuchte ich mir selbst und anderen zu beweisen, dass ich »es« schon schaffen würde. Wobei mein »Es« das Leben nach der Trennung von meinem ersten Ehemann war.

Damals saß ich mit meinen beiden Jungs in einer neuen Mietwohnung, die Zimmer frisch eingerichtet, und schien gefangen in einem Chaos aus Trauer, Verlust und freudigem Neubeginn. Dem aufkommenden Gefühl von Kontrollverlust begegnete ich mit einem meiner automatischen Programme: Ich tat mehr. Ich rannte schneller und versuchte noch mehr zu schaffen.

Finde deine Muster

Wir alle haben sogenannte »Lieblingsmuster«, also automatische Programme, die ohne unseren bewussten Willen plötzlich und immer wieder starten. Unser Gehirn spult diese automatischen Abläufe ab, um uns in Sicherheit zu bringen. Im Nachhinein sagen wir später meist so etwas wie: »Ich konnte nicht anders.« Was auch stimmt, bis wir diese Muster bearbeiten.

ÜBUNG 9: SO SPÜRST DU DEINE MUSTER AUF

Setze dich in Ruhe hin und erkunde ein paar deiner Lieblingsmuster. Hierfür habe ich verschiedene Satzanfänge aufgeschrieben, die dir vielleicht helfen können. Beende die Sätze intuitiv: Was tust du in so einem Fall? Wie handelst du? Was ist dein erster Impuls? Habe Mut zur Lücke und trage nur etwas ein, wenn du einen inneren Impuls verspürst.

Wenn ich mich überfordert fühle, dann …

_____

Bei Traurigkeit möchte ich am liebsten …

_____

Sobald ich richtig wütend bin …

_____

Macht mich eine Situation unsicher, dann …

_____

Greift mich jemand persönlich an, so …

_____

An Tagen, wo alles schwierig ist …

_____

Wenn ich die Kontrolle zu verlieren scheine …

_____

In Zeiten, in denen nichts klappen will, versuche ich …

_____

Wenn mir alles zu viel wird, dann …

_____

Denke noch einen weiteren Moment nach und überlege: Was sind typische Verhaltensweisen von mir? Wie sehen meine Muster aus? Worüber wundere ich mich selbst im Nachhinein? Falls dir diese Gedanken noch ungewohnt vorkommen, bleibe dran. Diese Blickwinkel werden dir helfen, Regelmäßigkeiten und Besonderheiten in deinem Verhalten zu entdecken. Schreibe auf, was dir noch alles hierzu einfällt:

_____

_____

_____

Ich habe einmal irgendwo gehört, dass wir immer mehr von dem tun, was sowieso nicht klappt. Es ist wie bei einer verschlossenen Tür: Wir stehen davor und rütteln erstmal beherzt an der Klinke, bevor wir dann den Schlüssel suchen gehen.

Was bedeutet, wir alle tun Dinge, von denen wir wissen sollten, dass sie uns nicht helfen. Wir können einfach nicht anders. Das ist frustrierend und ermüdend. Alte Gefühle drücken »Schalter« in uns und so startet unser persönliches Programm. Bevor wir wissen, was geschieht, rütteln wir quasi wieder an der Tür.

Deine alten Gefühle lösen in dir, meist unbewusst, alte Programme aus. Diese Automatismen sollen dich schützen. Leider sind sie nicht immer die bestmögliche Wahl.

Die moderne Hirnforschung belegt, dass ein Großteil unserer Handlungen unbewusst abläuft.[4] Eigentlich kann man sagen, dass wir die meiste Zeit unseres Tages wie automatisch durch unser Leben laufen. Was gar nicht schlecht ist, denn wir würden verrückt werden, müssten wir jede kleine Geste erst durchdenken und dann bewusst steuern. Es ist gut, dass wir Alltagsroutinen ohne größere geistige Anstrengung ausführen können. Allerdings dürfen wir die Schutz-, Kontroll- oder Abwehrmechanismen, die uns nicht guttun, lernen loszulassen. Da diese Programme ihren Ursprung in unserer Vergangenheit haben, schauen wir dorthin.

ÜBUNG 10: FINDE DEINE BÄREN

Es wird Zeit zu überlegen, wo die großen Bären in deinem Leben versteckt sind. Setze dich hierfür an einen ruhigen Ort und nehme dir ausreichend Zeit. Du willst dich an dich selbst als Kind erinnern. Atme tief und gehe im Kopf Bilder, Erinnerungsschnipsel oder sogar alte Fotos durch, in denen du unbeschwert, voller Vertrauen, Zuversicht und Liebe warst. Bemerke auch die anderen Momente, in denen du plötzlich hast lernen müssen, dass das Leben nicht immer nur leicht ist. Diese Momente fühlen sich wie eine abrupte Unterbrechung der Unbeschwertheit und Zuversicht an. Beginne mit dem ersten Moment, der dir heute spontan einfällt. Ein Moment, an dem du aus deiner kindlichen Freude gerissen wurdest und plötzlich verletzt, traurig, einsam, hoffnungslos, wütend oder ängstlich warst. Folge dem ersten Impuls in dem Wissen, dass du dir diese Frage immer wieder stellen kannst. Halte fest, was dir einfällt.

Der Bär, an den ich mich heute erinnere …

_____

_____

_____

Es tut gut, Gedanken und Erinnerungen aufzuschreiben, um sie besser verstehen zu können.

So lernst du deine Bären besser zu verstehen

Meine eigenen Bären zu verstehen und meine Schutz- und Abwehrprogramme bewusster wahrzunehmen, war für mich ein entscheidender Schritt zum inneren Glücksplaneten. Ich war neun Jahre alt, als meine Mutter verstarb. Hinter ihr lagen Jahre des Kampfes gegen eine schwere psychische Erkrankung, die ihr letztlich den Lebensmut nahm. Der Verlauf ihrer Krankheit brachte Momente mit sich, die ich als Kind nicht verstehen konnte. Meine Mutter veränderte sich jedes Mal maßgeblich, wenn ihre Krankheit einen Schub durchlief. Obwohl ich damals ein wunderbares Netz aus Omas, Freunden und einen tollen Vater an meiner Seite hatte, brachte diese Zeit so ein paar Bären mit sich.

All das war mir lange nicht bewusst, bis ich begann, die Trauer und Schuld in mir genauer zu betrachten. Dieser Prozess war sehr erleichternd, denn plötzlich konnte ich erkennen, dass die Traurigkeit gar nicht nur aus meiner aktuellen Situation resultierte. Nein, zu der aktuellen Traurigkeit hatten sich alte Trauer, Angst und Überforderung gemischt. Dies erklärte mir die Intensität der Gefühle und war ein entscheidender Schritt zur Heilung der alten Wunden. Denn nicht nur, dass wir nicht unsere Gefühle sind, wir dürfen alte Gefühle verabschieden und so eine neue Gelassenheit finden. Wir dürfen lernen, die alten Bären zu bändigen und uns zu entspannen. Alles, was wir tun müssen, ist dieses Knäuel aus Emotionen zu entwirren und mit unserer Geschichte Frieden zu schließen.

Für neue Wege dürfen wir lernen, Altes loszulassen.

> *Starke Gefühle, die dich heute übermannen, müssen nicht nur mit deiner aktuellen Situation zusammenhängen. Es ist sogar wahrscheinlich, dass deine aktuelle Situation dich unbewusst an eine vergangene vermeintliche Gefahr erinnert, einen alten »Bären«, und so alte Gefühle und Abwehrmechanismen aufruft.*

Es wird Zeit, dass du lernst, dich von alten negativen Emotionen und schlechten Energien nachhaltig zu befreien. Einer der großen spirituellen Lehrer unserer Zeit, Eckart Tolle[5] nennt das Energiefeld aus alten Emotionen »Schmerzkörper« und beschreibt diese so:

»... niemand durchlebt eine Kindheit, ohne emotionale Schmerzen zu durchleiden. (...) Die Schmerzreste, die jede starke negative Emotion zurücklässt, mit der man sich nicht auseinandergesetzt und die man nicht akzeptiert und dann fahren lassen hat, verbinden sich miteinander zu einem Energiefeld, das in den Körperzellen lebt. Es besteht nicht nur aus Kindheitsschmerz, sondern auch aus schmerzhaften Emotionen, die sich in der Pubertät und später im Erwachsenenleben dazugesellen und die zum großen Teil von der Stimme des Egos erschaffen werden. (...) Dieses Energiefeld alter, aber noch sehr lebendiger Emotionen, das jeder Mensch in sich trägt, ist der Schmerzkörper.«

LASSE ALTE EMOTIONEN LOS

Die Bären deiner unbeschwerten, freudigen Kindheit, die dir in Übung 10 eingefallen sind, bilden eine der Grundlagen für die nächsten Übungen. Instinktiv kannst du wählen, welche Technik du für welche Erinnerung und welches

Gefühl nutzen willst. Um die Schwere und Angst längst vergangener Momente ziehen lassen zu können, wirst du lernen, dich ihnen zu stellen. Du wirst zudem mit Emotionen arbeiten, die dich heute manchmal regelrecht zu überrollen scheinen, die du jedoch noch keiner bestimmten Erinnerung zuordnen kannst. Jede einzelne Übung wird dich ein Stück weiterbringen und so lernst du alte Blockaden aufzuräumen, Schritt für Schritt. Sei dir sicher: Jeder von uns hat alle Ressourcen und kann neue Wege gehen. Sei achtsam und übe nur, wenn du dich wohl fühlst. Im Zweifel erinnere dich an meinen Rat, dir professionelle Hilfe zu holen, sollte sich das sicherer anfühlen.

ÜBUNG 11: DIE HELFERTECHNIK: BEFREIE DICH VON ALTEN BÄREN

Schnappe dir für diese Übung eine Erinnerung aus Übung 10, die du heute bearbeiten willst. Egal, wie wichtig oder unwichtig dir die Begebenheit vorkommt, vertraue deinem Kopf, dass er dir genau das Passende zur richtigen Zeit anbietet.

- Suche dir einen ruhigen Ort, setze dich aufrecht hin. Atme ein paarmal tief ein und lang durch deinen Mund aus. Das lange, tiefe Ausatmen baut Anspannung ab. Schließe die Augen. Sollten geschlossene Augenlider für dich unangenehm sein, lasse sie ab jetzt bei jeder Übung minimal geöffnet.

- Stelle dir vor, du säßest in einem Kino. Vor dir ist eine Leinwand, auf die du nun diese alte Szene aus deiner Vergangenheit wie einen Film projizierst. Du siehst dein jüngeres Selbst auf der Leinwand.

- Beobachte und mache dich bereit, deinem jüngeren Selbst zu helfen. Stelle dir hierfür vor, dass ein Teil von dir nun in diese Szene hineingeht. Du bist ein unsichtbarer Helfer. Stelle dich in die Nähe deines jüngeren Selbst und lege vorsichtig eine Hand auf Schultern, Rücken oder Herz. Atme tief und schicke deiner jüngeren Version all deine heutige Kraft und Zuversicht. Du weißt bereits, dass dieser Moment vorübergehen wird und dass das Leben weitergehen und es sogar wieder Freude, Hoffnung, Wärme geben wird. Schicke diese

Auf der nächsten Seite geht es weiter →

Gewissheit und Stärke über deine Hand zu deiner jüngeren Version und fühle, wie euer Atem tiefer wird und ihr euch entspannt.

- Sage deinem jüngeren Selbst, was damals jemand hätte sagen müssen, um diesen Moment einfacher zu machen. Mache dir selbst Mut, sprich dir gut zu und sage alles, was gut gewesen wäre zu hören und was deinem jüngeren Selbst Stärke verleiht.

- Wenn du spüren kannst, dass sich deine jüngere Version entspannt, löse dich langsam aus dieser Szene. Kehre zurück auf den Kinosessel und betrachte das Bild auf der Leinwand. Kannst du erkennen, was nun anders ist? Du hast dich an deine eigene Stärke erinnert.

- Lass es ganz hell werden, so als würde die Sonne auf diese Szene scheinen, so hell, bis du nichts mehr erkennen kannst und die Leinwand wieder weiß ist. Lass diesen Moment ganz los.

- Öffne die Augen, schüttle deine Hände aus und rolle die Schultern, um ein Signal an deinen Körper zu geben, dass nun der Alltag weiterfließen kann. Du kannst stolz auf dich sein, denn du hast dich einem deiner Bären gestellt. Ich hoffe, du konntest fühlen, dass alle Kraft immer in dir war und ist. Die Szene in deinem Kopf ist nun eine andere und du kannst gespannt sein, was sich dadurch alles verändern wird.

- Sichere dir, bevor du zum nächsten Tagesordnungspunkt übergehst, noch die Sätze, die du dir gerade selbst gesagt hast und die deinem jüngeren Selbst besonders gutgetan haben:

_____

_____

_____

- Lies dir die Sätze in den nächsten Tagen ein oder mehrmals täglich durch. Du kannst sie auch vor dem Spiegel laut aufsagen und fühlen, wie gut das tut. Wenn du magst, suche ein altes Kinderbild von dir heraus, das du gern magst, und betrachte es liebevoll.

Es ist wichtig, die Stärke zu erkennen, die schon immer da war.

Ich habe bereits darüber berichtet, wie sehr unsere Erinnerung sich verzerrt, wenn wir vermeintlichen Bären begegnen. Erinnere dich, dass du diesen Moment überstanden hast. Sobald du eine alte Szene neu und auf diese Art betrachtest, kannst du dich nicht mehr so schlecht fühlen wie bisher. Etwas verändert sich, Bär für Bär, Schritt für Schritt.

> *Veränderst du die Wahrnehmung einer alten Erinnerung und lernst, sie anders zu betrachten, verändern sich immer auch alle dazugehörigen Emotionen.*

Eine meiner eigenen, riesengroßen Bären war die letzte Verabschiedung von meiner Mutter, bevor sie starb. Ein ungutes Gefühl von Schuld und Ohnmacht lag lange Zeit auf mir. Irgendwann konnte ich genau diese Abschiedsszene im inneren Kinosessel sehen und mir selbst Kraft geben. Danach erfasste mich eine starke Müdigkeit. Wundere dich nicht, wenn du nach einer der Übungen müde bist oder wild träumst. Die Arbeit mit unseren Bären ist anstrengend. Wenn sie erfolgreich war, spürst du im Anschluss häufig eine einsetzende Entspannung oder Leichtigkeit.

Werde negative Gefühle ganz schnell wieder los

Für den Fall, dass ein frisches negatives Gefühl in dir für Unruhe sorgt oder du die Verknüpfung in deine Vergangenheit nicht finden kannst, lernst du jetzt noch ein paar Techniken, mit denen du deinen unguten Gefühlen in deinem Alltag begegnen kannst. Selbst wenn du dich auf das Gute konzentrierst, willst du negative Gefühle nicht einfach wegdrücken. Das klappt am

Der Ego Eradicator hilft dir negative Emotionen loszulassen.

besten, wenn du dein Gefühl so wahrnimmst und annimmst, wie es ist. Damit schaffst du einen Raum, in dem es sein darf. Im nächsten Schritt solltest du dir und deinem Umfeld vergeben, dann kannst du es ziehen lassen. Hierzu habe ich Handwerkszeug für dich.

Du kannst deine negativen Emotionen auflösen, indem du dich auf deine Atmung konzentrierst. Spüre, wo in deinem Körper dein negatives Gefühl sitzt. Vielleicht spürst du einen Kloß im Hals oder ein Bauchgrummeln. Konzentriere dich auf diese Stelle in deinem Körper und schicke ganz bewusst deinen Atem in diesen Bereich. Lass neue Energie dorthin fließen und atme alles Schlechte über deinen Mund aus. Wir können allein mit unserer ungeteilten Aufmerksamkeit Gefühle verändern. Sobald wir ganz im gegenwärtigen Augenblick ankommen, lässt das innere negative Gefühl nach. Wenn wir unsere Gefühle beobachten, nehmen wir – um es mit Eckart Tolles Worten zu sagen – unseren Schmerzkörper wahr. Die Energie und Stärke der Gefühle verändern sich durch unsere Aufmerksamkeit und wir erkennen, wie flüchtig sie waren (Bezug: Gefühle). Die größte Gefahr für unser Glück ist häufig nicht das, was war, sondern das, was wir daraus machen. Verharren wir in negativen Zuständen, verlängern wir sie. Damit das nicht passiert, gibt es noch eine weitere Möglichkeit, negative Emotionen schnell loszulassen und die innere Energie zu verändern, und zwar mit Bewegung.

2. DIE MACHT DER INNEREN VERÄNDERUNG

ÜBUNG 12: NEGATIVE EMOTIONEN MIT BEWEGUNG LOSLASSEN

Du fühlst dich nicht gut? In dir rumort ein ungutes Gefühl? Steh oder sitze einen Moment ganz ruhig und fühle dein Gefühl. Spüre, wo es in deinem Körper sitzt und welche Gedanken zu ihm gehören. Solltest du einen Erinnerungsschnipsel an eine dazugehörende Szene in deinem Kopf finden, tauche noch einmal in sie ein. Sobald du das negative Gefühl gut fühlen kannst, wähle intuitiv eine dieser Optionen:

Wegschütteln: Beginne langsam und konstant, Arme und Beine zu schütteln. Fast so, als wolltest du lästigen Staub loswerden, schüttle immer wilder deine Arme, Beine, deinen Kopf und den ganzen Körper. Bleibe mindestens eine bis fünf Minuten dabei und stell dir vor, du könntest alles, was sich nicht gut anfühlt, einfach abschütteln. Danach stehe ganz still und fühle die Energie in deinem Körper. Vielleicht kribbelt es überall ein bisschen? Genieße das Leben in dir.

Hüpfen: Finde ein Lied, das du gern hörst, und beginne zu hüpfen und zu tanzen. Wenn du magst, singe laut mit, wirf die Arme über den Kopf, stampfe auf. Stell dir vor, du kannst das Gefühl und alles, was dazugehört, aus dir hinaustanzen. Nach mindestens drei Minuten bleibe stehen, drehe die Musik aus und verharre einen Moment. Dein Körper sollte jetzt kribbeln und in dir sollte eine neue Energie wach geworden sein.

Ego Eradicator: Die Kundalini Yogaübung Ego Eradicator klärt die Energie. Hierfür sitze aufrecht und strecke deine Arme im 60-Grad-Winkel nach oben. Die Finger sind angewinkelt und die Daumen abgespreizt. Die Atmung erfolgt kraftvoll und kurz durch die Nase. Atme zügig und stark ein, dann atme genauso aus und ziehe dabei deinen Bauchnabel nach innen und oben. Übe dies für 1-3 Minuten. Sollte dir schwindelig werden, höre auf und atme tief. Schließe den Ego Eradicator ab, indem du die Daumen zusammenführst, die Luft anhältst und den Beckenboden nach oben ziehst. Dann lass los und entspanne. Solltest du unter Bluthochdruck leiden oder schwanger sein, übe diese Atemtechnik nicht.

Meter machen: Gegen festgefahrene Emotionen hilft Bewegung samt neuer Eindrücke. Mache dich auf und gehe eine beherzte Runde um den Block, in den nächsten Park oder sogar in den Wald. Atme tief und bekomme ein Gefühl, dass alles hinter dir zurückbleibt.

Jede wohltuende Bewegung schafft Raum für gute Gefühle.

Das alles tut so gut, weil du die starke Verbindung zwischen Körper und Geist für dich nutzt. Durch die verschiedenen Bewegungen erlebt dein Körper Leichtigkeit, Konzentration, Freude und gibt diese Botschaften an deinen Geist weiter, der sich entspannt. So wird die negative Spirale aus Emotion und Abwehrmechanismus wirksam durchbrochen.

Das bewusste Fühlen und das anschließende Loslassen negativer Gefühle ist ungeheuer wichtig, damit nach und nach die alten Bären die Macht über dein Handeln verlieren. Während dein Frühwarnsystem automatische Muster der Anspannung und Abwehr in Gang setzt, sorgt das Loslassen für eine ganz bewusste Alternative. Natürlich setzt das eine gewisse Achtsamkeit deinen Gefühlen gegenüber voraus, die sich in den meisten Fällen erst entwickeln darf. Sei darum geduldig mit dir und freue dich, wann immer dir ein negatives Gefühl auffällt. Jedes bewusst wahrgenommene Gefühl ist eine Chance zur Veränderung! Freue dich, dass du es bemerkst, und lege los.

BÄRENABWEHR ALS ABENDROUTINE

Neben dem Loslassen von Altem ist es das Ziel, keine neuen Bären mehr zu sammeln, sondern diese abzuwehren. Dies ist eine der besten Präventionsmaßnahmen, die ich kenne. Gewöhne dir an, am Abend bewusst auf deinen Tag zu schauen, und das mit einem besonderen Blickwinkel. Hierzu musst du wissen, dass die Intensität deiner Gefühle mit deiner Wahrnehmungsposition zusammenhängt. Wobei mit Wahrnehmungsposition der Blickwinkel gemeint ist, aus dem du Situationen erinnerst. Meist sehen wir die Szenen unseres Lebens in unserem Gedächtnis von genau der Position, von der wir sie erlebt haben. Im Fachjargon des NLP nennt man solch eine Erinnerung »assoziiert«. In dieser Perspektive ist das Gefühl sehr intensiv, denn unser Gehirn unterscheidet nicht, ob wir etwas erleben oder erinnern. In Kapitel 1 hast du jedoch eine Technik genutzt, mit der du schmerzhafte vergangene Erlebnisse aus dem Kinosessel heraus betrachtet hast. Du konntest dich selbst in der bestimmten Szene sehen. Diese Perspektive nennt man auch »dissoziiert«, du bist Zuschauer und die Gefühle sind weniger intensiv.

2. DIE MACHT DER INNEREN VERÄNDERUNG

> *Dein Gehirn unterscheidet nicht, ob du etwas erinnerst oder erlebst. Die Intensität der Gefühle ist abhängig von der Perspektive, mit der du deine Erinnerung betrachtest. Die Beobachterperspektive sorgt für weniger intensive Gefühle.*

Um dich künftig vor unguten neuen Mustern und Gefühlen schnell befreien zu können, übe ab jetzt jeden Abend diese kleine, einfache Übung. Insbesondere, wenn der Tag nicht optimal war und dich etwas geärgert, traurig gemacht oder geängstigt hat, tut sie sehr gut.

ÜBUNG 13: AM ABEND WERDEN BÄREN WEGGERÄUMT

Am Abend, im Bett oder kurz bevor du dich hinlegst, gehe in Gedanken deinen Tag durch und schaue, ob du dich irgendwann nicht gut gefühlt hast. Halte Ausschau nach Gefühlen von Ärger, Frust, Traurigkeit, Angst, Sorge, Hoffnungslosigkeit, Langeweile etc. Betrachte jeden dieser Momente von außen. Du kannst dich hierzu wieder in den Kinosessel setzen oder auch von oben alles betrachten. Sieh dich selbst und deine Umgebung und fühle die Distanz. Spüre, wie die jeweilige Emotion abnimmt. Wenn du fertig bist, atme durch und gehe zur Dankbarkeitsübung (Nr. 5) über.

Übe diese Abfolge jeden Abend und lass dich überraschen, wie wunderbar du schläfst und wie gut es dir gehen wird.

AUFRÄUMEN SCHAFFT RAUM FÜR MEHR

Nun kennst du meine wirkungsvollsten Übungen zum Bearbeiten und Loslassen negativer Emotionen. Neben den Tools aus Kapitel 1 kannst du nun den Schwerpunkt auf positive Erinnerungen und Emotionen legen, ohne dabei negative Gefühle wegdrücken zu müssen. Im nächsten Kapitel tauchst du ein in die Kraft deiner Gedanken, denn all deine Erlebnisse haben zu Ableitungen geführt und so ist eine eigene Logik in deinem Kopf entstanden. Nun wird es Zeit zu prüfen, ob diese Logik gut für dich und dein Glück ist, oder ob du – für ein entspanntes Leben mit viel Leichtigkeit – nicht die ein oder andere Logik verändern solltest.

3. Löse die Grenzen in deinem Kopf auf

Ich glaube, die Kraft unserer Gedanken ist die meist unterschätzte Kraft in uns. Unsere Gedanken bestimmen so viel mehr, als wir denken. Sobald wir einmal beginnen, sie bewusst zu betrachten, sie zu hinterfragen und sogar zu verändern, verändert sich gefühlt alles. Die kommenden Seiten sind dazu da, dass du lernst, diese Kraft zu nutzen. Mache aus der Stimme in deinem Kopf eine motivierte Cheerleaderin. Eine, die dich auf deinem Weg unterstützt und bestärkt. Das wird ein echter Turbo für dein Glück sein.

Bevor wir starten, gibt es noch eine kleine Warnung, denn eventuell wird es gar nicht so leicht. Nicht, weil es kompliziert ist, sondern weil die meisten von uns stark an den eigenen Glaubenssätzen hängen. Vermeintlich geben sie uns Orientierung und Sicherheit. Eventuell wirst auch du im ersten Moment irritiert sein, wenn du an deinen Annahmen arbeitest, oder dich vielleicht sogar über mich ärgern. Versuche, wenn möglich, entspannt weiterzulesen. Gefühle dieser Art zeigen dir lediglich, dass du dich mit deiner eigenen Logik identifizierst. Das ist normal, immerhin hast du sie schon seit vielen Jahren. Also lass uns mit so viel Geduld und Freude wie nur möglich in deinem Kopf aufräumen und Platz machen für sehr viel Glück.

WEG MIT UNGÜNSTIGEN GLAUBENSSÄTZEN

Das, was wir denken und glauben, bestimmt eine ganze Menge, zum Beispiel, was wir sehen. Unser Gehirn filtert automatisch und ohne dass wir es bemerken. Es sorgt dafür, dass wir die relevant erscheinenden Informationen unserer Umgebung bewusster wahrnehmen. Dadurch fällt uns manches mehr »ins Auge«, wie es so schön heißt. Das Gleiche gilt für unsere anderen Sinne. Die Selektion der eingehenden Sinneswahrnehmungen durch unser Gehirn ist eine feine Sache. Ohne sie wären wir oft überfordert aufgrund der Vielzahl an Eindrücken, die auf uns einprasseln.

Allerdings hört der Zusammenhang hier nicht auf, denn durch das, was wir bewusst wahrnehmen, entsteht wiederum unser individuelles Bild der Welt. Wir sehen, hören, fühlen etwas, und aus all diesen Eindrücken formt sich in unserem Kopf eine Logik über unsere Umgebung, über Mitmenschen und über uns selbst. Wir halten diese Annahmen für wahr. Immerhin haben wir jede Menge Erfahrungen und Beobachtungen gemacht und somit »handfeste Beweise«. Unsere Ableitungen und Annahmen werden, ohne dass wir das bewusst beschließen, automatisch unsere individuelle Realität.

Neben eigenen Wahrnehmungen beeinflussen zusätzlich auch die Glaubenssätze und Annahmen anderer unsere Logik. Als Kinder beispielsweise übernehmen wir eine Menge Dinge bewusst und unbewusst. Mich hat lange die »Was du heute kannst besorgen ...«-Weisheit meiner Oma noch am späten Abend durch die Gegend rennen lassen. Auch das, was anderen passiert, hat einen Einfluss, vor allem wenn es Emotionen auslöst. Wird beispielsweise bei unseren Nachbarn eingebrochen, denken wir plötzlich über ein stärkeres Türschloss nach. Unsere innere Logik entsteht dadurch, dass unser Geist Erlebtes

Du nimmst alles durch deine eigene Brille mit deiner eigenen Logik wahr.

und Beobachtetes vereinfacht und zusammenfasst. Er sorgt dafür, dass eher generalisierte, verzerrte Informationen gespeichert werden und manche Details getilgt werden, ohne dass wir dies bewusst entscheiden.

Du besitzt deine ganz individuelle Logik aus Annahmen, auch Glaubenssätze genannt, die deine persönliche Realität bilden. Diese Logik bildete sich unbewusst und automatisch aus generalisierten, verzerrten und um Details getilgten Beobachtungen und Erlebnissen.

Unsere Glaubenssätze können uns stärken oder limitieren, können uns ermutigen oder verunsichern, je nachdem, welche Wahrheiten wir in uns gesammelt haben. Jemand, der an den Satz glaubt: »Die Welt ist ein wunderbarer Ort«, wird eher Beweise für diese Annahme sehen als eine andere Person, die mit dem Satz durch ihr Leben geht: »Die Welt ist ein gefährlicher Ort.« Da sich unsere Glaubenssätze durch unsere selektive Wahrnehmung mehr verfestigen als lösen, ist es umso wichtiger zu prüfen, was wir glauben und wie gut uns das tut. Unser Ziel ist daher, alle Annahmen und Regeln, die uns vom inneren Glücksplaneten fernhalten, langsam, aber sicher durch günstigere Alternativen ersetzen.

3. LÖSE DIE GRENZEN IN DEINEM KOPF AUF

ÜBUNG 14: WO SIND DEINE SCHRANKEN?

In Kapitel 2 hast du bereits deine typischen Verhaltensmuster untersucht und dafür Satzanfänge genutzt. In dieser Übung nutzt du die gleiche Methode, um herauszufinden, nach welchen Regeln du lebst und wie deine Annahmen über die Welt, das Leben, dich selbst und deine Mitmenschen sind. Versuche so frei und intuitiv wie möglich zu antworten. Ich selbst muss bei dieser Übung immer achtgeben, dass ich nicht aufschreibe, wie ich gern wäre, sondern was ich tatsächlich manchmal insgeheim glaube. Je mehr du es also schaffst, ehrlich zu dir selbst zu sein, umso besser.

Teil I: Beende folgende Sätze intuitiv mit dem, was du glaubst/denkst/weißt.

Das Leben ist …

_____

Um Erfolg zu haben, muss man …

_____

Damit ich glücklich sein kann, brauche ich …

_____

Geld ist …

_____

Eine gute Beziehung braucht …

_____

Reiche Menschen sind …

_____

Auf der nächsten Seite geht es weiter →

MACHE DEINEN KOPF FREI

Männer sind ...
_____

Frauen sind ...
_____

Ich darf nicht ...
_____

Ich kann nicht ...
_____

Ich sollte mehr ...
_____

Die Welt ist ...
_____

Vielleicht gibt es noch andere Regeln/Wahrheiten/Glaubenssätze, die dir einfallen? Notiere deine individuellen Sätze hier:
_____
_____
_____

Teil 2: Mit etwas Abstand lies dir alles einmal durch. Achte darauf, welche Sätze sich für dich nicht so gut anfühlen. Du merkst das an einem Gefühl von Schwere, Unfreiheit, Traurigkeit in dir. Wo hättest du gern mehr innere Freiheit und Leichtigkeit? Markiere alle Sätze, die dich von deinem inneren Glücksplaneten fernhalten und die du am liebsten loswerden würdest, wenn du nur wüsstest wie.

Die Frage vom Huhn und dem Ei

Es gibt in den meisten von uns Sätze, Regeln oder Annahmen, die sich nicht gut anfühlen. Häufig hängen sie – wenn auch unbewusst – mit vergangenen Momenten zusammen. Diese hoch emotionalen Momente, quasi die Bärenmomente, prägen viele der Glaubenssätze in uns. Unsere Vorfahrin aus Kapitel 1 mag womöglich nach ihrem Schrecken im Wald »Der Wald ist gefährlich«, gedacht haben und fortan ein wenig unentspannter durch den Wald gegangen sein. Durch ihre innere Unruhe fielen ihr auch mehr vermeintliche Gefahren auf, die sie wiederum in ihrer Wahrnehmung bestätigt haben mögen.

So oder so ähnlich entstehen die Wahrheiten in uns. In Momenten großer Unsicherheit, Angst oder Ähnlichem speichert unser Gehirn die Gefahr inklusive einer vermeintlich logischen Folgerung, Regel oder Bewertung. Zudem sorgt diese Folgerung im weiteren Verlauf für eine Veränderung der Brille, mit der wir auf die Welt schauen. Nun beginnen wir tatsächlich, mehr das wahrzunehmen, was wir glauben. Da uns negative Glaubenssätze, wie »Mathe kann ich einfach nicht«, sehr einschränken können und zum Beispiel unsere Berufswahl (mit) bestimmen können, wird es Zeit, aktiv einzugreifen. Noch dazu, weil ein weiteres Phänomen existiert: Die »sich selbst erfüllende Prophezeiung«. Dieser Begriff beschreibt das Phänomen, dass wir real empfundene Situationsdefinitionen durch unser Handeln tatsächlich zu Realitäten machen. Einer meiner früheren Professoren, Hans-Werner Bierhoff[6], nutzte hierfür das Beispiel von Prüfungsangst: Vor lauter Angst grübelt ein Betroffener so viel, dass darunter die Vorbereitung zur Prüfung leidet und sich seine (negative) Erwartung bestätigt.

Es ist also eigentlich die Frage, was das Huhn und was das Ei ist, bei all den Dingen, die uns passieren und bei denen wir denken: »Das hatte ich befürchtet!«

Die sich selbst erfüllende Prophezeiung bezieht auch andere mit ein. Da wir sehen, was wir glauben, nehmen wir eher wahr, was zu unseren Vorannahmen passt. Verhält sich eine Person anders als vermutet, so schreiben wir diese Abweichung tendenziell eher äußeren Faktoren zu. Selbst die Fragen, die wir stellen, suchen häufig nach Antworten, die zu unserem Weltbild passen. Wir fragen eher: »Ist es gerade sehr schwer so allein?«, als: »Wie geht es dir?«, wenn wir vermuten, dass es jemandem gerade durch die plötzliche Trennung vom Partner nicht gut geht. »Konfirmatorische Fragestrategie« nennt sich dieses Phänomen in der Psychologie.[7] Beobachte dich einmal in Gesprächen und höre genau hin, wenn du etwas fragst. Das kann sehr aufschlussreich sein.

Zum Glück können wir Glaubenssätze mit Geduld, liebevoller Achtsamkeit und konzentrierter Übung loslassen, verändern und ersetzen. Hierzu werden wir teilweise die Techniken nutzen, die du vom Emotionsmanagement schon kennst. Da ein Glaubenssatz untrennbar mit einer Emotion verbunden ist, stellen diese Übungen einen wunderbaren Rahmen dar. Wir gehen allerdings noch ein wenig weiter, um nicht nur emotional und energetisch loszulassen, sondern auch neue, unterstützende mentale Konzepte zu bauen und zu verstärken. Da unser Kopf aus zig Konzepten besteht, die wir nicht selbst gewählt haben und die häufig jeder objektiven Begründung entbehren, tut es gut, eine Logik zu wählen, die uns glücklich macht statt einschränkt. Um das zu tun, betrachten wir noch ein paar Teilaspekte rund um das Thema Glaubenssätze.

Manchmal gehen wir vor lauter Unsicherheit zu viele Schritte und manchmal gar keinen.«

Mache aus Negativem einfach Positives

Jedes Handeln führt zu irgendeinem Ergebnis, das in seiner Folge für uns positiv oder negativ sein kann. Ein Handeln, das aus einem negativen Glaubenssatz heraus entsteht, muss nicht zwangsweise zu negativen Ergebnissen führen. Um Glaubenssätze ohne inneren Widerstand loslassen zu können, ist es daher wichtig, anzuerkennen, was sie bisher Gutes in unser Leben gebracht haben. Alles, was wir glauben, kann unser Verhalten beeinflussen. Glauben wir an einen Mangel in uns oder in der Welt oder an Einschränkungen und Blockaden, so zeigt sich dieser Glauben in unserem Verhalten meist entweder durch Vermeidung oder Kompensation. Kompensation ist der Versuch, einen Mangel durch Mehr-Tun auszugleichen.

Wenn wir unsicher oder irritiert sind, versuchen wir manchmal, unsere Gefühle zu überspielen. Ich beispielsweise spüre heute noch den Drang,

viel zu viel zu reden, wenn mich etwas verunsichert. Früher war das noch extremer.
Es galt die Formel: Je größer die Unsicherheit, desto mehr Geplappere. Dies ist eines der Merkmale von Kompensationsverhalten: Je größer ein negatives Gefühl, desto größer auch das innere Bedürfnis zu handeln. Was letztlich zu guten Ergebnissen führen kann, denn manchmal feuern uns unsere vermeintlichen Minderwertigkeiten oder Fehler regelrecht an. Ich denke zum Beispiel, dass ich mein Psychologiestudium eventuell niemals neben Beruf und Familie in dem Tempo hätte schaffen können, wenn nicht ein Teil von mir fest geglaubt hätte, dass ich es schaffen muss. »Wenn ich nicht studiere, dann bekomme ich nie einen Job, der Spaß macht« war damals nur einer der vielen Sätze, die mich durchs Studium gepeitscht haben. Heute, mit etwas Abstand, ist mir natürlich klar, dass ich es auch langsamer und achtsamer hätte angehen können – aber damals konnte ich das einfach nicht. Die Angst saß mir buchstäblich im Nacken. Womit wir bei einer der Nebenwirkungen von Kompensationsverhalten sind: Der Drang zu handeln ist größer als die Fähigkeit, Warnsignale von Körper und Geist ernst zu nehmen. Manchmal zeigt sich das auch körperlich. So hatte ich am Ende des Studiums nicht nur meine Kinder viel zu wenig gesehen, sondern zudem einen Tinnitus und emotionale Schwankungen entwickelt, die behandlungswürdig waren. Ich brauchte einige Zeit, um mich von diesen Jahren der Dauerbelastung vollständig zu erholen.

Die zweite Wirkung, die ein negativer Glaubenssatz auf unser Verhalten haben kann, ist die Vermeidung. Hierbei sorgt unsere negative Erwartungshaltung dafür, dass wir eine Handlung gar nicht erst wagen. In meiner Coachingpraxis treffe ich immer wieder Klientinnen, die Karriereschritte nicht gehen. Betrachten wir dann die Sache näher, so ist der Glaubenssatz: »Ich bin nicht gut genug«, erstaunlich häufig die tiefere Ursache. Vermeidung hält uns in einem unsichtbaren Aktionsradius gefangen.

Michael Singer vergleicht das in seinem Buch »Die Seele will frei sein«[8] mit einem Käfig, der uns zwar ein trügerisches Gefühl von Behaglichkeit und Sicherheit gibt, uns aber einsperrt und so unser Wachstum und Glück behindern kann. Du erkennst Vermeidungsverhalten zum Beispiel daran, dass du etwas, was eigentlich wichtig wäre, partout nicht tust. Vermeidung kann jedoch auch einen positiven Effekt haben. Hast du beispielsweise deiner Freundin nicht die Meinung gegeigt, weil du den Glaubenssatz in dir trägst: »Das bringt sowieso nichts«, magst du später erleichtert sein, wenn sie dir erzählt, dass sie gerade durch eine schwere Zeit geht. Auch die zurückgehaltene Bewerbung auf diese spannende Stelle kann sich im Nachhinein als Glück herauskristallisieren, wenn kurz darauf eine noch spannendere Ausschreibung in deinen Händen landet.

Beides, Vermeidung und Kompensation, sind Folgen, die unsere Glaubenssätze auf unser Verhalten haben und die uns sabotieren und anstrengen können. Sobald wir nicht ganz wir selbst sind und Dinge zwanghaft zu viel oder zu wenig tun, berauben wir uns und andere um unsere Einzigartigkeit und Entspanntheit. Dies zu begreifen ist der erste Schritt. Da wir jedoch manchmal die positiven Folgen unseres Handelns sehr mögen, wie ich beispielsweise mein abgeschlossenes Studium, hängen wir häufig auch unbewusst am jeweiligen Glaubenssatz. Ein bewusstes Anerkennen und Würdigen der Folgen ist darum wichtig. Ziel ist es, im Verlauf ein Mindset zu entwickeln, das Gelassenheit, Authentizität und gute Ergebnisse möglich macht. Übung 15 wird dir helfen herauszufinden, wo bei dir die Muster von Kompensation oder Vermeidung versteckt sind.

Raus aus dem Opferstatus
Bevor du jedoch endlich lernst, deine Glaubenssätze zu verändern, widmen wir uns noch einem besonders hartnäckigen individuellen Blickwinkel: den Opferstatus. Es gibt Situationen, in denen sich viele Menschen als Opfer fühlen. Opfer der Umstände, Opfer der Mitmenschen, Opfer der eigenen Kindheit, Opfer ... (setze etwas ein, was dir gerade einfällt). Manchmal stimmt das sogar von außen betrachtet. Jemand ist vielleicht tatsächlich Opfer geworden, zum Beispiel eines Verbrechens oder einer Familientragödie. Egal, wie sehr die Umstände auch für andere einen Opferstatus rechtfertigen – er tut nie gut. Verbleibt jemand in einem solchen Opferstatus, kann ein Gefühl von Ohnmacht, Ungerechtigkeit und Hilflosigkeit wachsen. In den meisten Fällen führt dies zu einem inneren Frust, der sich dann an anderen Personen entladen kann. Viele Opfer werden so zum Täter, auf die ganz eigene, individuelle Art.

Mein eigener Opferstatus zeigte sich lange in einer übertriebenen Hingabe an meine Familie. Was sich jetzt lesen mag wie Selbstbeweihräucherung, ist eine Verkettung von negativen Glaubenssätzen und dem Versuch, die Kontrolle zu behalten. Ein Teil von mir glaubte (und manchmal flammt das, ehrlich gesagt, immer noch auf), dass ich aufpassen und richtig gut sein muss, um die Kontrolle zu behalten. Nach langen Tagen, wenn das Jonglieren von Job, Kindern, Haushalt, eigenen Ansprüchen an Aussehen, Weiterentwicklung etc. viel zu viel wurde, saß ich dann manchmal weinend vor der Waschmaschine. Ich zeterte innerlich und fühlte mich als Opfer meiner Umstände. Wenn mein Mann dann fragte, was eigentlich los sei, und dass er auch die Wäsche machen könne, bekam er eine Litanei zu hören. Ich beschwerte mich über die mangelnde Gleichberechtigung in unserer Ehe, über irgendwelche Kleinigkeiten und hörte erst auf, wenn er sich auch richtig zerknirscht fühlte. Ich war zum Täter geworden.

Der Opferstatus ist fatal, denn wir verrennen uns regelrecht in ihm. Er macht zudem jedes Gestalten in unserem Leben mehr oder weniger zunichte.

Wir springen häufig hin und her zwischen Opfer- und Täterrolle, sind entweder unglücklich, ohnmächtig oder haben ein schlechtes Gewissen, weil wir jemanden verletzt haben.

Das Gefühl des schlechten Gewissens wiederum schreiben wir dann auch ein wenig den Umständen oder Personen zu, was uns wieder zum Opfer werden lässt. So habe ich mich lange als Opfer gesehen, statt mehr Pausen zu machen oder in einem ernsthaften Gespräch nachhaltig Aufgaben anders zu verteilen »So ist es halt.« dachte ich. Aus eigener Erfahrung kann ich also sagen: Das Einzige, was hilft, ist die Verantwortung für die eigenen Gefühle, das eigene Leben und die eigenen Gedanken zu übernehmen. Wer müde ist, muss mehr Pausen machen. Damit das klappt, müssen wir hinterfragen, was uns in der Ohnmacht hält. Zeit also, mit den Glaubenssätzen zu beginnen, denn hier beginnt der Opferstatus.

ÜBUNG 15: LASS DEINE NEGATIVEN GLAUBENSSÄTZE LOS

Solltest du markierte Sätze aus Übung 14 haben, zeigen diese dir bereits, dass es Glaubenssätze gibt, die dir ungute Gefühle machen. Picke dir einen Satz heraus, den du gerade besonders dringend loswerden willst. Atme durch und beantworte die folgenden Fragen intuitiv aus dem Bauch heraus, ohne groß darüber nachzudenken. Lass die Fragen frei, zu denen dir nichts einfällt:

Seit wann denke ich das?

_____

Wann habe ich das zum ersten Mal gedacht? Welche Situation aus meiner Vergangenheit fällt mir hierzu ein?

_____

Wer sagt oder sagte das?

_____

Wie beeinflusst(e) dieser Glaubenssatz mein Verhalten damals und heute?

_____

Wie kompensiere ich diesen Glaubenssatz?

_____

Was vermeide ich durch diesen Glaubenssatz?

_____

Auf der nächsten Seite geht es weiter ⟶

MACHE DEINEN KOPF FREI

Hatte dieser Glaubenssatz auch positive Folgen? Hat dieses Verhalten positive Folgen? Wenn ja, welche?

_____

Wie sorge ich selbst dafür, dass dieser Glaubenssatz wahr bleibt?

_____

Den Glaubenssatz lässt du nun in mehreren Schritten los und ersetzt ihn durch einen positiveren, stärker unterstützenden Glaubenssatz: Da die meisten unserer Glaubenssätze in hoch emotionalen Momenten entstanden sind, fällt dir vielleicht tatsächlich eine »Bärengeschichte« aus deiner Vergangenheit zu diesem Satz ein. Falls das so ist, nutze zum Loslassen dieser emotionalen Erinnerung zum Beispiel Übung 11, die Helfertechnik. Beides wirkt gleich gut. Sollte dein Glaubenssatz mit einer bestimmten Person zusammenhängen, wird es Zeit zu vergeben. In Kapitel 10 findest du Übung 32, Ritual 2. Nutze sie, falls du noch Groll dir selbst oder anderen gegenüber fühlst. Honoriere, was dein Glaubenssatz Gutes in dein Leben gebracht hat. Dies funktioniert am besten mit Dankbarkeit. Halte dir vor Augen, welche Dinge in dein Leben gekommen sind und wie du das erreicht hast. Schaue außerdem hin, welchen Preis du dafür gezahlt hast. Dann sage dir: »Ab jetzt wähle ich einen anderen Weg. Ich lasse all das los.« Schau nun auf dein Leben und schau dir bewusst alles Gute an, was da ist. Sage dir selbst zu jedem Detail, das dir in den Sinn kommt: »Ich bin dankbar für …« Höre erst auf, wenn du dich voller Zuversicht und Stärke fühlst. Sage dann: »Ich wähle neu. Ich wähle zu glauben, dass …« und setze ein, was deine tiefe Sehnsucht ist. Welcher Satz stärkt dein Vertrauen? Welche Worte beflügeln dich regelrecht? Nutze genau das, was dir spontan einfällt und was zu 100 % positiv ist. Atme deinen neuen Satz ein. Frage dich: »Bei welcher täglichen Aufgabe (zum Beispiel das Zähneputzen) kann ich mich selbst ab jetzt immer an diesen Satz erinnern?« Es ist wichtig, dass dein Satz sich mit dem Alltag verwebt.

Im nächsten Kapitel werden wir dafür sorgen, dass sich die neuen Glaubenssätze noch mehr in deinem Leben verankern können. Sollte dir mehr als ein Satz eingefallen sein, prüfe, ob du alle Sätze nutzen willst und kannst. Wenn du eine Auswahl der wichtigsten Sätze treffen willst, dann tue das.

Neue Glaubenssätze eröffnen neue Wege.

Diese Glaubenssätze können dir vielleicht auch helfen, sollte es dir noch schwerfallen, eigene zu finden:
- Alles ist gut.
- Ich vertraue dem Fluss des Lebens.
- Es ist sicher, sich zu entspannen.
- Frieden ist in mir.
- Alles, was ich brauche, wird zu mir kommen.
- Ich bin sicher, gut genug und liebenswert.
- Alles passiert in der genau richtigen Reihenfolge.
- Ich werde gehalten und geschützt.

DIE TOP 5 DER NEGATIVEN GLAUBENSSÄTZE

Bei der Arbeit mit Klientinnen und mir selbst hat es häufig geholfen zu erkennen, dass wir mit unserem etwas verqueren Blick auf die Welt nicht allein sind. Im Gegenteil, die meisten haben die gleichen Unsicherheiten, Ängste, Einschränkungen, denn wir alle haben unsere kleineren oder größeren Bären gesehen und diese haben unseren Blick auf die Welt beeinflusst.

Ich glaube, es tut gut, die aus meiner Sicht häufigsten blockierenden negativen Gedanken anzuschauen, inklusive erster Lösungsimpulse. Die konkreten Beispiele können dir hoffentlich helfen, weitere Ideen für deinen Weg zum inneren Glücksplaneten zu bekommen, und dir zeigen, dass wir alle hin und wieder mit etwas kämpfen. Überall warten Impulse für Veränderungen auf uns, wenn wir beginnen, unsere limitierende Logik klarer zu sehen und zu hinterfragen.

»Ich bin nicht gut genug.«
Dieser Gedanke ist der Klassiker und ich behaupte kühn, dass wir ihn alle kennen. Dieser Satz führt meist in ein Beweisenwollen (Kompensation, s. o.). Wir rennen dann durchs Leben, um anderen und uns selbst zu zeigen, dass wir eben

Finde das, was du liebst und lerne es zu fokussieren.

doch gut genug sind, strengen uns an oder wir verschieben etwas, weil ein Teil von uns dieses Etwas vermeiden will. Hinter diesem Satz steckt meist der tiefe Wunsch nach Anerkennung und Gesehenwerden, aber auch nach dem Beweis, liebenswert zu sein. Die Selbstzweifel nagen an uns, wenn dieser Satz präsent ist, und im schlimmsten Fall suchen wir die Gründe für Misserfolge in uns und die Gründe für Erfolge im Außen. »Das war jetzt eben Glück«, hören wir uns dann sagen, wenn einmal etwas wie am Schnürchen läuft und wir gelobt werden. Überhaupt Lob: Auch hier zeigt sich, wie wir zu uns stehen. Atmen wir Lob ein und freuen uns? Oder ist es schwer, das Lob anzunehmen? Fühlen wir uns unwohl und spielen unser Verhalten herunter, wenn jemand etwas Positives sagt?
Solltest du auch manchmal durch dein Leben rennen oder ohne Grund wichtige Dinge aufschieben, so frage dich:

- Wann bin ich gut genug?
- Wem will ich (immer noch) etwas beweisen?

Es tut gut, das Zepter wieder ganz in die Hand zu nehmen, die alten »Knöpfe« zu deaktivieren und dann den Blick gezielt auf das Positive zu werfen. Beginne hier und jetzt eine Liste zu schreiben. Sie sollte in den nächsten Tagen auf mindestens (!) 50 Punkte anwachsen. Die Überschrift ist eine von diesen oder alle:
Was ich an mir liebe/Was ich gut kann/Was ich an mir mag/Was meine Superkräfte sind: ...

»Ich bin besser.«

Nicht ganz so verbreitet, aber auch ein Klassiker, ist der Drang, sich permanent zu vergleichen und besser abschneiden zu *müssen*. Glauben wir stark an ein Besser/Schlechter, so sehen wir zwar unsere Fähigkeiten und Ressourcen, sind aber gleichzeitig in einem unguten Zyklus aus Bewertung und Urteil. Häufig kann auch hier die

Angst dahinterstecken, nicht gut genug zu sein. Unser angeschlagenes Ego braucht in einem solchen Fall externe Beweise, um sich wieder besser zu fühlen. Manche Menschen haben sogar den Drang, über andere zu lästern und ihre abfälligen Bewertungen mit anderen zu teilen. Die so kompensierte Unsicherheit wird hierdurch jedoch nur kurzfristig besänftigt und der Teufelskreis aus Bewährtem ist sofort wieder da. Fragen, die hier guttun können, sind:

- Was, denke ich, wäre anders, wenn ich wüsste, dass ich immer die Beste bin?
- In welchen Momenten muss ich mich nicht beweisen?
- Wo urteile ich nicht?
- Was unterscheidet diese Momente von denen, in denen ich urteile und bewerte?
- Wie kann ich lernen, diese Urteilspausen mehr auszudehnen?

»Andere haben mehr Glück.«

Vielleicht kennst du das auch? Dieser unterschwellige Glaube an Ungerechtigkeit, die ein Gefühl von Neid aufkommen lassen kann? Der Ursprung ist der Glaube, es könne bei anderen einfacher oder harmonischer laufen. Sobald ich einen solchen Blickwinkel einnehme, kommt in mir Unmut auf. Die Welt scheint ungerecht und ich irgendwie benachteiligt. Zumindest in den Aspekten, die ich gerade betrachte. Dieser Blickwinkel ist eine Variante des oben beschriebenen Opferstatus. Der diesem Glaubenssatz innewohnende Vergleich mit anderen kann nie guttun. Egal, wie gut oder schlecht wir jemanden kennen, wir kennen nie die ganze Geschichte eines Menschen und können somit gar nicht beurteilen, ob etwas besser oder schlechter ist, und selbst wenn, wäre dies nur eine Momentaufnahme. Dieser Gedanke zeigt eher eine Sehnsucht in uns. Das, wofür wir andere beneiden, zeigt, was wir uns unbewusst wünschen. Wovon wir glauben, noch nicht genug zu haben. Die Fragen, die hier helfen können, sind:

- Was hiervon wünsche ich mir für mich?
- Was hält mich davon ab, es zu realisieren?
- Was habe ich längst und kann lernen, es mehr wertzuschätzen?

»Es gibt nicht genug.«

Der Glaube an ein »Nicht genug« geht von einer Begrenztheit der Ressourcen aus. Glauben wir beispielsweise fest daran, dass wir nicht genug Zeit haben oder mit einer Idee zu spät dran sein könnten, kann uns das im schlimmsten Fall vollends entmutigen und unsere Inspiration in Luft auflösen. Wobei tatsächlich – schaut man ganz objektiv auf die Welt – die Ressourcen begrenzt sind. Wir scheinen nur eine bestimmte Anzahl an Stunden, einen errechenbaren Betrag Geld und sogar eine begrenzte Summe von Quadratmetern zur Verfügung zu haben. Doch auch hier geht es um unseren Blickwinkel.

Betrachten wir die mangelnde Ressource Zeit: Erinnerst du dich noch an die Ferien in deinen ersten Schuljahren? Ich erinnere mich an Wochen, deren Tage unglaublich lang erschienen, und auch die Tage bis zum Weihnachtsfest oder dem ersehnten Geburtstag schienen damals unglaublich, manchmal unerträglich langsam zu vergehen. Wohingegen ich mich an manchen aufregenden Tagen mit vielen Terminen später fragte, wo die Zeit geblieben ist. Unser Zeitempfinden ist subjektiv und ein Glaube an ein Zuwenig lässt uns rennen und in Hektik geraten. Wobei Hektik schrecklich ist. Wir rennen, angetrieben von der vermeintlichen Hoffnung, wir würden so mehr schaffen, oder von dem festen Glauben, anders würde es nicht gehen. So oder so ist unsere Zeitperspektive – und manchmal womöglich auch unser mangelhaftes Planungsvermögen – mit schuld. Ich jedenfalls habe mich lange wie eine der grauen Figuren in Michael Endes wunderschönem Roman »Momo«(9) benommen: Ich rannte durch den Tag in der Hoffnung, später dann viel mehr Zeit zu haben. Was für eine Illusion! Wobei die Erkenntnis, dass man an einen Mangel glaubt, wieder der erste Schritt ist, um einen anderen Blickwinkel einnehmen zu können. Dies funktioniert meiner Erfahrung nach gut mit Fragen wie:

- Was wünsche ich mir, was jetzt noch zu wenig da ist?
- Was wäre, wenn diese Ressource unbegrenzt zur Verfügung stünde? Was wäre anders?
- Was würde sich ändern?

Insbesondere bei Zeitknappheit können manche Fragen uns dazu bringen, unsere Motive und Prioritäten zu überdenken. Generell haben mir bei diesem Thema alle Techniken in Kapitel 6 rund um Achtsamkeit sehr geholfen. Für den Moment probiere einmal diese Fragen, solltest du sehr volle, hektische Tage haben:

- Was ist mir wirklich wichtig?
- Was versuche ich zu beweisen, indem ich so renne/mir so viel aufbrumme?

»Es ist schwer.«

Dieser Glaubenssatz könnte genauso gut heißen: »Es ist anstrengend«, »… kompliziert« oder »… traurig«. Haben wir erst einmal einen schweren Blick auf die Welt, unsere Mitmenschen oder das eigene Leben entwickelt, werden wir genau das wahrnehmen und wahrmachen. Eine mögliche Lösung, aus diesem Teufelskreis auszubrechen, ist es, Fülle, Dankbarkeit und die Süße des Lebens bewusst einzuladen. Tiefe Atemzüge, bewusste Dankbarkeitspraxis und genügend Pausen tun gut, um der Anstrengung zu entwischen. Meistens klappt dies nicht, ohne die Ursache für die Schwere zu betrachten. Schwere können wir in unserer Kindheit beispielsweise als Normalität kennengelernt haben. Gute Frage zum Erkunden ist daher:

- Warum glaube ich, muss es manchmal schwer sein?
- Woher kenne ich das noch und seit wann?
- Wo ist die Süße in meinem Leben?
- Wie kann ich mehr Gutes einladen?
- Wie halte ich mich selbst davon ab, Gutes in mein Leben zu lassen? Oder auch: Wieso erlaube ich anderen, mich davon abzuhalten?

Manchmal decken deine Antworten vielleicht einen anderen Glaubenssatz auf. Falls das so ist, lies dir einfach den betreffenden Absatz direkt im Anschluss durch.

GLAUBE NICHT ALLES, WAS DU DENKST

Mit Sicherheit gibt es noch eine Menge weiterer Gedanken und Glaubenssätze, die uns bremsen oder verunsichern können. Wann immer dir etwas einfällt, ein Satz oder eine Begebenheit, die dich noch heute ausbremst – arbeite mit den Übungen in diesem Kapitel. Sie können dir helfen, nach und nach ein Mindset zu entwickeln, das dich stärkt und unterstützt. Lass dich nicht entmutigen, wenn es dir mühsam vorkommt. Mache eine Pause und atme durch. Rom wurde nicht an einem Tag erbaut und manche Gedanken kommen, fast wie ein treues Hündchen, immer wieder zu uns zurück.

Nehme solche Gedanken wahr, denk dir: »Ah! Da bist du ja wieder!«, und kehre zurück zu deinen Lieblingsübungen. Im nächsten Kapitel schauen wir uns an, wie du auf einfache Art nachhaltige Veränderungen bewirken kannst. Hierfür nutzen wir eines meiner Lieblingsmodelle aus dem NLP. Freu dich darauf, zu entdecken, wie alles zusammenhängt – von deiner direkten Umwelt bis hin zu deiner Spiritualität.

4. So funktioniert Veränderung

Bisher ging es mit all meinen Lieblingstechniken um das Aufräumen und Neu-Ausrichten. In diesem Kapitel schauen wir darauf, wie langfristige Veränderung funktioniert und auf welchen Ebenen wir für eine nachhaltige Veränderung ansetzen können.

Halte dir vor Augen, dass wir alle unsere unbewussten und bewussten inneren Wunden heilen lassen dürfen – eine nach der anderen. Dankbarkeit und das Erinnern schöner Momente stärken uns für unseren Weg. Sie schenken uns die innere Kraft und Zuversicht, die wir brauchen, um dabeizubleiben. Was nicht immer leicht sein mag. Ich finde mich immer wieder in meinen alten Mustern aus Anstrengung und Kampf wieder. Schnell kommt in mir dann der Gedanke auf: »Das ändere ich nie.« Dabei sind Rückschritte normal und wichtig. Sie korrigieren unseren Kurs.

WANN VERÄNDERN WIR UNS?

Ist es nicht verrückt, dass die meisten von uns immer wieder gute Vorsätze haben, total motiviert sind und dann irgendwann aufgeben? Silvester ist das beste Beispiel. Manche wollen gesünder leben, andere sich mehr Zeit für sich selbst nehmen und die Nächsten wollen toleranter sein – und ein paar Monate später ist bei den meisten wieder alles beim Alten. Mir ging es jedenfalls lange so. Andere Veränderungen klappen jedoch wie automatisch. Als hätten wir einen Hebel umgelegt. Was jedoch ist der Unterschied?

ÜBUNG 16: VERÄNDERUNGEN BETRACHTEN

Nimm dir einen Moment Zeit und denke über Veränderungen nach. Frage dich:

Welche Veränderungen bin ich in den letzten Jahren bewusst angegangen?

_____

Welche Veränderung hat gut funktioniert und warum?

_____

Auf der nächsten Seite geht es weiter ⟶

Welche Hindernisse gab es und wie konnte ich diese überwinden?
_____

Welche Veränderung hat bisher (noch) nicht funktioniert?
_____

Ich glaube, das lag/ liegt an …
_____

Was hat sich in den letzten Jahren verändert, ohne dass es mein Ziel war?
_____

Ich glaube, das lag an …
_____

Schau dir deine Liste gut an. Ich bin mir sicher, es gibt große und kleine Dinge, die in deinem Leben in Bewegung waren und sich verändert haben, und andere, an denen du dir sprichwörtlich gesagt bisher die Zähne ausgebissen hast. Lege diese Liste erst einmal beiseite. Wir arbeiten später mit ihr weiter.

Eines der Fazits, die ich aus meinem Wirtschaftspsychologiestudium gezogen habe, ist, dass Veränderungen auf drei Arten möglich werden können: durch Dissonanz (steigende Anspannung), durch den sogenannten steten Tropfen oder durch tiefe Einsicht.

> *Veränderung entsteht durch Dissonanz, den steten Tropfen oder tiefe Einsicht.*

Dissonanz – Wenn die Anspannung steigt
Dissonanz ist wie ein innerer Missklang, der unsere Aufmerksamkeit fordert und unsere Energie schwächt. Solch eine Spannung kann von außen oder innen entstehen. In früheren Jahren als Führungskraft in einer Bank habe ich regelmäßig mit Dissonanz gearbeitet. Ein Mitarbeiter kam zu spät? Ich wies erst freundlich darauf hin, bevor ich – nach häufigerem Zuspätkommen – härtere Geschütze aufgefahren habe, um schließlich – noch viel später – resigniert mit

Jede Veränderung öffnet eine neue Tür zu einer neuen Welt.

disziplinarischen Maßnahmen zu drohen. Man kann sagen, dass ich die äußere Spannung auf besagten Mitarbeiter erhöht habe. Es wurde für den Mitarbeiter immer ungemütlicher, das alte Verhalten beizubehalten. Eine solche Spannung funktioniert, da in den meisten von uns ein (wie stark auch immer) ausgeprägtes Bedürfnis nach Harmonie herrscht.

Als Führungskraft wusste ich mir damals nicht anders zu helfen. Ich wollte Veränderung, und irgendwie war klar, dass das Liegenbleiben im Bett unangenehmer werden musste als das pünktliche Aufstehen. Diese Vorgehensweise hat manchmal gut funktioniert und manchmal gar nicht. Was bei von außen initiierter Dissonanz normal ist, da sie eine gewisse Autorität des Gegenübers voraussetzt. Manchmal beugen wir uns auch nur scheinbar, um des lieben Friedens willen, während innerlich etwas in uns weiterarbeitet. Es kann vorkommen, dass eine innere Dissonanz entsteht. Zum Beispiel, wenn unsere Entwicklung so gar nicht zu unserem Verhalten passt. Eine meiner Freundinnen hat sich in den letzten Jahren viel mit ganzheitlicher Gesundheit beschäftigt, während sie weiterhin rauchte. Fast am Ende ihres Studiums, nach unzähligen eher halbherzigen Versuchen, das Rauchen aufzugeben, schaffte sie es plötzlich. Einfach, weil es nicht mehr zu ihrem Weg passte. Eine neue Klarheit war da und sie setzte um, womit sie vorher immer mal wieder gescheitert war. Um zu erkennen, wo in deinem Leben Dissonanz herrscht, frage dich:

- Wo in meinem Leben spüre ich innere oder äußere Spannung?
- Wo herrscht Harmonie?

Tropfen für Tropfen überzeugen

Die zweite Möglichkeit, Veränderungen zu initiieren, ist durch den sogenannten »steten Tropfen«. Frei nach dem Sprichwort: »Steter Tropfen höhlt den Stein«. Werbung funktioniert beispielsweise so. Selbst unwichtige Dinge können wir uns merken, wenn sie wieder und wieder

Augenblicke der Ruhe sind perfekt für tiefe Einsichten und stete Tropfen.

auftauchen. Hinzu kommt, dass wir mögen, was wir kennen, weshalb uns der anfangs wenig geliebte Song im Radio nach dem gefühlt tausendsten Mal Hören plötzlich ganz angenehm erscheint. Bei Werbung ist der Effekt auch spannend: Sehen wir immer wieder, dass man mit bestimmten Schokoladenriegeln in einer Hängematte super Pause machen kann, glauben wir irgendwann selbst an den Zusammenhang zwischen Schokoriegel und Entspannung. Genauso kann das Arbeiten mit dem immer gleichen spirituellen Buch hochtransformierend sein, da wir – mit stetem Tropfen – täglich wohltuende Botschaften aufnehmen und verarbeiten. Manche der steten Tropfen wählen wir selbst, indem wir für gute Routinen und tolle Bücher sorgen, während andere einfach in unserem Umfeld sind (zum Beispiel die Werbung). Stete Tropfen können sich in unserem Kopf fest verankern, dann nennen wir sie Glaubenssätze. Je nachdem, wie häufig wir unsere inneren Regeln oder Wahrheiten wiederholen, umso wahrer werden sie für uns. Letztlich war selbst mein oben beschriebenes wiederholtes Ansprechen der Unpünktlichkeit meines Mitarbeiters eine Art steter Tropfen.

Du siehst, man kann die Techniken nicht vollständig trennen. Schau einmal, welche steten Tropfen bei dir wirken, indem du dich fragst:

- Welche Botschaften wiederholen sich in meinem Leben wieder und wieder?
- Welche Veränderungen in meinem Leben sind auf diese Art möglich geworden?

Tiefe Einsicht verändert alles

Manchmal fällt uns etwas plötzlich wie »Schuppen von den Augen« und wir sehen die Welt anders. Das kann bei einer schweren Krankheit ge-

schehen. Die Welt rückt sich zurecht und die betroffene Person schaut verändert auf das eigene Leben. Die darauffolgende Veränderung scheint logisch und ist nicht aufzuhalten. Diese Art Transformationen zu beobachten ist manchmal wie ein kleines Wunder. Als wäre ein Dominostein ganz am Anfang der Kette umgefallen und sein Schwung legt alle anderen Steine flach. Solche tiefgreifenden Einsichten sind vielleicht seltener, aber wenn sie da sind, haben sie transformierende Kraft. Die tiefe Einsicht rüttelt uns im Ganzen richtig durch. Wunderbar! Um herauszufinden, welche tiefen Einsichten in dir bereits arbeiten, frage dich:
- Welche Veränderungen sind entstanden, weil ich plötzlich alles anders sehen konnte?
- Welche Einsichten arbeiten in mir und verändern mich Schritt für Schritt?

VERÄNDERUNG GANZHEITLICH ANGEHEN

Tiefe Einsicht, steter Tropfen und Dissonanz sind Möglichkeiten, mit denen du Veränderungen initiieren kannst. Noch feiner und klarer wird es, wenn du dir mein absolutes Lieblingsmodell aus dem NLP anschaust, die sogenannten »Ebenen der Veränderung« von Robert Dilts[9]. Das Modell hilft dir nicht nur dabei, zu verstehen, warum manche Veränderungen mit Leichtigkeit klappen, es wird dir auch zeigen, wo du ansetzen kannst und wo du dir vielleicht manchmal selbst im Wege stehst.

Die Ebenen der Veränderung

Dieses Modell verdeutlicht schön strukturiert alle Ebenen, auf denen eine Veränderung initiiert, blockiert, gestoppt oder beflügelt werden kann. Obwohl die Ebenen selbst aufeinander wirken und nicht immer klar zu trennen sind, hat jede der Ebenen einen Einfluss auf uns, unser Leben und unsere Entscheidungen. Schau dir die Grafik mit den verschiedenen Ebenen der Veränderung einmal genauer an und lasse uns gemeinsam die einzelnen Ebenen durchgehen:

Ebene 1 – Umwelt: An der Basis findest du die Ebene unserer Umwelt. Sie steht für den Ort, an dem wir sind, samt seiner Umstände. All dies entscheidet mit über das, was wir tun und wie wir es tun. So kann eine Veränderung des Ortes, zum Beispiel durch einen Umzug, tiefgreifende Veränderungen auslösen. Das könnte so aussehen: Ich wechsle meinen Wohnort für eine neue spannende Stelle. In der neuen Stadt habe ich einen viel kürzeren Weg zur Arbeit und dadurch einen deutlich entspannteren Morgen. Ich beginne den Tag nun mit einem Spaziergang und erinnere mich wieder daran, wie gut mir die frische Luft tut. Die Freude über diese Momente wiederum führt zu der Einsicht, dass ich noch mehr draußen sein will. Eine Sehnsucht wächst. Plötzlich fühle ich mich immer unglücklicher, wenn ich den ganzen Tag im Büro verbringen muss. Irgendwann entschließe ich mich daher, etwas zu verändern, und beantrage eine Stundenreduzierung. Durch die freiere Zeit fühle ich mich besser und beginne, mich für die Natur einzusetzen – und so weiter, und so fort. Was ich sagen will, ist: Die Veränderung auf einer Ebene führt immer zu einer Veränderung auf weiteren Ebenen.

Ebene 2 – Tätigkeit und Verhalten: Die zweite Ebene, die Ebene des Verhaltens, beinhaltet das, was wir tun. Unser Handeln wirkt sich auf so vieles aus. Wir müssen nur an die bereits erwähnte Neuroplastizität denken: Jede Routine hinterlässt quasi eine Spur in unserem Gehirn. Dies kann positiv oder negativ für uns sein. Ärgern wir uns immer wieder im Straßenverkehr, weil gefühlt alle anderen Autofahrer wie Idioten fahren, so hinterlässt dieser ständig aufflammende Zorn eine Spur. Ebenso zeigen sich die

positiven Folgen einer kurzen täglichen Achtsamkeitsübung bereits nach ca. sechs Wochen auf Hirnscans.

Ebene 3 – Fähigkeiten: Die dritte Ebene ist die Ebene der Fähigkeiten. Hier geht es um das, was wir können. Unsere Fähigkeiten haben Einfluss auf unser Verhalten, denn wir tun tendenziell eher das, was wir schon ganz gut können und was uns liegt. Ich habe mich immer vor Mathematikaufgaben gedrückt, was nicht gerade zu besseren Ergebnissen beigetragen hat. Natürlich wirken unsere Fähigkeiten sogar auf unsere Umwelt ein: Kenne ich mich zum Beispiel ein wenig mit Pflanzen aus (Fähigkeit), gieße ich in der richtigen Häufigkeit und topfe um (Verhalten), was wiederum für eine grünere Umgebung sorgt (Umwelt).

Ebene 4 – Annahmen/Glaubenssätze: Die vierte Ebene ist die, um die sich das vorhergehende Kapitel gedreht hat: die Ebene der Einstellungen und Glaubenssätze. Aus unserer Umgebung, unserem Verhalten, unseren Fähigkeiten und vielem mehr entstehen Wahrheiten über unsere Welt, uns selbst und unsere Mitmenschen. Jeder von uns lebt nach bestimmten bewussten und auch unbewussten Regeln, die eine Erlaubnis geben oder eine Einschränkung darstellen. Die Glaubenssätze wirken dabei häufig stärker, als wir vermuten. In Coachings rund um das Thema Geld schaue ich mir unter anderem gerne an, ob es unbewusste Annahmen zum Zusammenhang von Moral und Reichtum gibt. Wer glaubt: »Reich wird man nur, wenn man ein wenig skrupellos ist«, und parallel ein guter Mensch sein will, wird meiner Erfahrung nach immer an eine unbewusste Grenze bei der eigenen materiellen Fülle stoßen. Wenn sich hieran etwas verändert, hat das immer einen starken Einfluss.

Ebene 5 – Identität: Diese Ebene ist die Ebene der Identität. Aus dem, was wir über uns wahrnehmen oder zurückgemeldet bekommen, formen wir ein Selbstbild. Unser »Ich bin« enthält allerlei Eigenschaften und Merkmale, die wir uns zuschreiben. Eine tolle Übung ist es, eine ganze Seite mit den eigenen »Ich bin ...« vollzuschreiben. Hierzu schreibst du alles intuitiv auf, was dir zur Komplettierung des Satzanfangs in den Sinn kommt, und schon hast du die manifestierten Glaubenssätze beziehungsweise deine Identität vor Augen. Markiere dann alle Sätze, die dir Kraft und ein inneres Wohlgefühl geben, und in einer anderen Farbe alle, die dich blockieren. Dies ist ein toller erster Schritt, um bewusst Veränderung anzugehen, denn alles, was uns bewusst wird, verändert sich automatisch ein wenig. Natürlich hat unser Selbstbild einen Einfluss auf unsere Einstellungen, unsere Fähigkeiten, unser Verhalten und unsere Umwelt.

Kommt unsere Chefin beispielsweise schlecht gelaunt in den Raum, ist es unter Umständen eine Frage des Selbstbildes, wie wir dies deuten. Glauben wir fest daran, eine gute Mitarbeiterin zu sein, sind wir weniger geneigt, das Verhalten der Führungskraft auf uns zu beziehen. Fühlen wir uns unsicher, so überlegen wir wiederum höchstwahrscheinlich schneller, welchen Fehler wir gemacht haben könnten.

Ebene 6 – Zugehörigkeit: Die vorletzte Ebene ist die Ebene der Zugehörigkeit. Auch die Gruppen und Menschen, zu denen wir uns zugehörig fühlen, bestimmen bewusst und unbewusst vieles mit. Die meisten erinnern sich besonders gut an den Sog der Gruppen während der eigenen Pubertät. In dieser Zeit nimmt der Einfluss der Familie natürlicherweise ab und die Zugehörigkeit zu anderen Gruppen Gleichaltriger und Gleichgesinnter wird wichtiger, inklusive der dazugehörenden Verhaltensregeln. Ich zumindest wollte mich plötzlich anders anziehen und fand vieles, was vorher noch nett war, plötzlich peinlich. Wenn ich heute alte Bilder sehe, muss ich sehr lachen. Der unbewusste Druck der Gruppe lässt uns nicht immer die vorteilhaftesten Entscheidungen treffen. Spannend wird dieser Druck, wenn er unbewusste Grenzen setzt.

Schauen wir noch einmal auf das Thema Geld, so zeigt sich bisweilen die unbewusste Zugehörigkeit zur Herkunftsfamilie darin, sich nicht zu unähnlich werden zu wollen. Dies kann eigene Ziele stark sabotieren.

Ebene 7 – Vision: Als letzte und oberste Ebene steht in diesem Modell die Spiritualität. Hier ist der Sinn unseres Daseins gemeint, das große Warum oder Wozu, an das wir fest glauben. Jeder von uns glaubt an irgendetwas. Selbst ein Atheist glaubt daran, dass es keinen Gott gibt. Hier finden sich unsere Kernglaubenssätze über das Leben und die größeren Zusammenhänge, was Einfluss auf alle anderen Ebenen nimmt. Manchmal kommt es plötzlich zu Veränderungen auf dieser Ebene. In solchen Fällen scheint uns etwas wie »Schuppen von den Augen« zu fallen und wir befinden uns mitten in der tiefen Einsicht.

Mein persönliches Beispiel ist die Umstellung meiner Ernährung nach 40 Jahren Alles-Essens auf eine überwiegend pflanzliche Kost. Vegetarismus oder gar Veganismus waren nie ein Thema für mich und schienen mir verwegen radikal. Bei Dokumentationen über Schlachthäuser oder Haltungsbedingungen klickte ich schnell mit einem »Sowas kann ich mir nicht anschauen« weg. Irgendwann las ich im Urlaub ein Buch[10], in dem auf unterhaltsame Art und Weise über das Leid hinter meinem Schnitzel und Camembert aufgeklärt wurde. Ich erinnere mich noch genau, dass ich am Meer lag und fast am Ende des Buches war. Es war klar, dass ich etwas verändern wollte. Mir war bis zu diesem kleinen Buch nicht klar gewesen, wie schlimm es um die Tiere stand

Gut tut, wenn Ernährungsgewohnheiten und »Warum« zusammenpassen.

und steht und wie schrecklich diese ganze Maschinerie gestrickt ist. Im Buch jedoch gab es den einen Satz, der alle Entscheidungen leicht gemacht hat: »Und dass es mir nicht gelungen ist, ein guter Mensch zu werden, soll mich nicht davon abhalten, ein besserer zu werden.«[(10)] Plötzlich bekamen meine Gedanken rund um Ernährungsgewohnheiten einen tieferen Sinn. Schon beim Lesen des Satzes war ich sicher: Wenn ich ein guter Mensch sein will, muss ich meine Ernährung grundlegend verändern. Alle weiteren Ebenen passten sich an, wie die beschriebenen umfallenden Dominosteine Hatte ich früher eine vegane Freundin kopfschüttelnd mit einem »Das könnte ich nie. Ich bin ein Genussmensch« (Ebene der Identität) bedacht, so war jetzt klar, dass ich lernen durfte, weiter zu genießen, nur eben andere Dinge. Der Aufschrei meiner Familie (Ebene der Zugehörigkeit) machte mir weniger aus als vermutet, und auch die Fähigkeiten passten sich an, dank neuer Kochbücher. Mittlerweile sind über 10 Jahre vergangen und ich hatte weder Lust auf ein Kotelett noch auf ein Stück Brie und esse noch immer meist pflanzlich. Spannend, was passiert, wenn etwas auf dieser Ebene geschieht.

Unser Leben fühlt sich harmonisch an, wenn die Ebenen im Einklang miteinander sind, wenn also unser tägliches Handeln und unser Umfeld zu unseren Einstellungen, unserer Identität und sogar unserem »Warum« passen. Wann immer dies nicht so ist, spüren wir das mehr und mehr. Egal, wie wir versuchen, uns zu beschäftigen, betäuben oder anderweitig abzulenken – die innere Disharmonie wühlt uns auf. Aus eigener Erfahrung kann ich sagen, dass sich umfassende Veränderungen, wie ein Jobwechsel, immer erst durch eine steigende innere Anspannung angekündigt haben. Ich begann mich mehr und mehr fehl am Platz zu fühlen und Kleinigkeiten, wie der Dresscode, wurden immer herausfordernder. Mit der Zeit wurde ich unruhig und unentspannt, bis ich nicht mehr anders konnte, als mir die Frage zu stellen: »Bin ich hier noch richtig?« Entspannung stellte sich jedes Mal erst ein, wenn der Wechsel tatsächlich vollzogen war. Vielleicht fallen dir eigene Beispiele ein? Denke einmal darüber nach.

> *Du strebst fortwährend nach einer inneren Harmonie, die entsteht, wenn dein »Warum« in Einklang mit deinem Umfeld, deinem Handeln und deiner Persönlichkeit ist.*

Dauerhafte Veränderung auf allen Ebenen

Da die Ebenen der Veränderung aus meiner Sicht das beste Modell sind, um zum Beispiel Glaubenssätze dauerhaft zu verändern, probieren wir sie gleich gemeinsam aus. Hierfür gibt es zwei unterschiedliche Vorgehensweisen. Die erste wird dir mehr Klarheit über bisherige Blockaden geben, sodass du neue Hebel finden wirst. Die andere wird deine Motivation zur Veränderung auf ein neues Level heben. Wobei du mit der Suche nach Blockaden beginnen solltest. Es ist ganz schön spannend hinzuschauen, wo wir uns selbst im Weg stehen könnten. Ich habe auf diese Weise schon mit einem ganzen Haufen ungünstiger Gedanken und Angewohnheiten aufräumen können. Zuletzt habe ich mir hiermit den Stress angeschaut, den ich mir selbst mache, seit ich dieses Buch schreibe. Da ich bisher nur kürzere Beiträge geschrieben habe, war und bin ich immer noch sehr aufgeregt über die Möglichkeit, ein Buch zu schreiben. Daher wüten jede Menge alte Zweifel und Glaubenssätze in mir. Daran kannst du dich schon einmal gewöhnen: Unsere alten Konditionierungen tauchen manchmal, wie der Phönix aus der Asche, plötzlich wieder auf. Selbst dann, wenn wir sie schon lange abgehakt hatten. In mir tobten daher in den letzten Wochen Fragen wie »Kann ich das überhaupt?«, und mit ihnen überkam mich ein immer größer werdendes Gefühl von Druck. Obwohl ich all diese schicken Coachingtechniken gut kenne, bin ich echt besser darin, sie bei anderen anzuwenden. Ich muss mich erinnern, meine eigenen Tipps auch für mich selbst zu beherzigen. Vor Kurzem nahm ich mir jedoch für die kommende Übung 17 ein wenig Zeit und konnte endlich erkennen, was den Stress in mir verstärkt hatte. Zusätzlich zu meinen alten Selbstzweifeln hatte ich begonnen, einen neuen Glaubenssatz zu etablieren, und der lautete: »Ich habe nicht genügend Zeit, um ein gutes Buch zu schreiben.«

Das brachte eine ziemliche Hektik in mein Leben und nahm mir den Schreibfluss. Das wachsende Gefühl von Zeitdruck und Ohnmacht machte mir zu schaffen. Ich stellte fest, dass in mir auch die Idee war, man müsse für ein gutes Buch in absoluter Abgeschiedenheit und Ruhe, am besten in idyllischer Umgebung, unbegrenzte Zeit zur Verfügung haben, und ich fragte mich: Woher kommt das? Nun, ich schaue seit Jahren zu Weihnachten den Film »Tatsächlich Liebe«. Kennt jemand diese Szene aus dem Film, in der Schauspieler Colin Firth als betrogener Schriftsteller mit Schreibmaschine auf einen See blickt und tippt? Nun, mein Kopf hatte sich diese Szene unbewusst als notwendige Idealszenerie für ein gutes Buch zusammengereimt. Ich musste sehr lachen, als mir das klar wurde. Na klar hatte ich Stress. Hier im Arbeitszimmer, zwischen Haushaltspflichten, Coachings, Kinderbespaßung und Social-Media-Verlockungen, fand ein ganz anderer Schreiballtag statt. Zum Glück verändert sich immer alles, wenn es bewusst wird. Zeit, einmal genau hinzuschauen.

ÜBUNG 17: BLOCKADEN AUSFINDIG MACHEN

Beginne diese Übung mit ein paar tiefen Atemzügen. Frage dich: Was in meinem Leben läuft gerade unrund? Denke einen Moment nach und entscheide dich für ein Thema.

_____

Die folgenden Fragen helfen dir, mit den Ebenen mehr über deine Blockaden zu erfahren:

Wann und wo fühlst du dich ungut? Halte genau fest, welche Tageszeiten, welche Orte und ggf. sogar welche Mondphasen mit diesem Thema zusammenhängen.

_____

Was nimmst du dir immer wieder vor zu tun und machst es dann doch nicht? Oder auch: Was tust du immer wieder, obwohl es sich nicht gut anfühlt?

_____

Welche deiner Fähigkeitenk könntest du hierfür mehr nutzen?

_____

Was denkst und glaubst du in solchen Momenten über dich selbst? Was über andere? Über das Leben?

_____

Wer bist du in solchen Augenblicken? Beschreibe dich selbst.

_____

Wem fühlst du dich nah in solch einem Moment? Von wem kennst du diese Gefühle oder dieses Verhalten auch?

_____

Einmal angenommen, diese Blockade wäre für etwas gut. Sie wäre da, damit du etwas Wichtiges erkennen kkannst und dadurch etwas lernst und dich entwickelst? Frage dich: Wenn dies eine Aufgabe für mich ist, was soll ich lernen?

_____

Lasse deine eigenen Antworten einen Moment sacken und atme durch. Hast du Auslöser erkannt? Dann kannst du jetzt den Entschluss fassen, etwas zu verändern. Halte hier gleich fest, wenn du bereits konkrete Ideen hast.

_____

Gern kannst du deine Antworten auch erst einmal ein wenig auf dich wirken lassen. Manchmal tut es gut, deine Annahmen und Angewohnheiten noch weiter zu hinterfragen. Eine Frage zur Selbstreflexion ist: Wozu? Frage dich: Wozu dient das?, wann immer dir dein eigenes Verhalten ein Rätsel aufgibt. So findest du die versteckten, unbewussten Gewinne deines Handelns.

Wenn du dir dein Verhalten und die konkreten Abläufe so genau anschaust, kann es vorkommen, dass dir kein Hebel zur Veränderung auffällt. Lass dich davon nicht beirren. Manchmal brauche ich ein paar Wochen oder Monate, bis mir klar wird, wo ich mir selbst im Weg stehe. Genauso gab und gibt es immer wieder Szenerien, in denen ich keine Hebel hatte, sondern die Spannung blieb, bis ich für massive Veränderungen bereit war. Du kannst die Ebenen der Veränderung jedoch auch nutzen, um ein bestimmtes Ziel anzugehen, und dir so einen Motivationsboost holen.

Wo und wann wirst du diese Veränderung angehen? Was wirst du konkret tun? Was wirst du anders machen? Welche Fähigkeiten, die du bereits hast, kannst du dafür nutzen?
Damit du das ohne innere Zweifel oder gedankliche Bremsen angehen kannst, frage dich auch: Was kannst du – noch mehr als bisher – glauben? Über dich selbst? Über die anderen Menschen? Über die Welt und das Leben?
Wer wirst du, noch mehr als heute, wenn du das durchziehst? Zu welcher Art Mensch gehörst du, wenn du das umsetzt?
Einmal angenommen, dieses Leben wäre wirk-

Alles, was du gerne tust, hat ein wohltuendes »Warum«.

lich zum Lernen und Wachsen und es gäbe eine Kraft, die größer ist als wir alle.

Was, wenn deine Veränderung ein Zeichen für andere wäre? Wenn andere etwas noch besser begreifen könnten, weil du es schaffst, diesen Schritt zu machen? Welche Botschaft steckt darin? Wozu wird dein Handeln andere ermutigen?

Das Gute ist längst hier

Spannend, was passiert, wenn wir uns klarmachen, wohin jeder einzelne Schritt führen kann. Unser ganzes Leben lang treffen wir Millionen kleine Entscheidungen, handeln irgendwie, denken nach, nehmen wahr. Für mich sorgen die Ebenen für eine Ausrichtung auf das, was zählt. Du kannst sie zur eigenen Motivation nutzen oder deine Blockaden finden. Ich liebe sie außerdem, um festzustellen, wo überall schon längst viel Gutes steckt. Letztlich tut jeder von uns eine Menge Dinge und viele davon aus gutem Grund. Wenn du deine eigenen positiven und stärkenden Glaubenssätze im Leben finden willst, dann brauchst du nur hier hinzuschauen. Frage dich: Was mache ich wirklich gern?

Die Dinge, die wir lieben zu tun, haben alle einen besonderen Sinn. Du kannst einmal tief atmen und all die Kleinigkeiten vor deinem Auge Revue passieren lassen, die du in deinem Alltag gern tust. Bei mir sind das Dinge, wie zum Beispiel mich um unsere Pflanzen zu kümmern, einkaufen zu gehen oder frisch zu kochen, zu schreiben, einen Spaziergang zu machen und vieles mehr. Ich bin mir sicher, dass du eine ähnliche Liste füllen kannst. Wenn du dir einen deiner Punkte nimmst und diesen exemplarisch näher betrachtest, landest du automatisch irgendwann bei einem deiner positiven Glaubenssätze. Diese zu kennen ist ebenso wichtig wie blockierende Glaubenssätze aufzulösen. Alle positiven Annahmen über das Leben und dich selbst stärken dich. Also lass uns deine positiven Glaubenssätze finden. Die Übung, die wir dafür nutzen, habe ich in einer meiner NLP-Ausbildungen[11] kennen und schätzen gelernt. Sie klappt besonders gut, wenn du sie mit jemandem gemeinsam machst, der dir die Fragen vorliest.

ÜBUNG 18: POSITIVE GLAUBENSSÄTZE FINDEN

Starte mit einer der Tätigkeiten, die du liebst zu tun. Es kann eine Kleinigkeit sein, wie zum Beispiel Blumen gießen. Schreibe diese Sache hier einmal für dich auf.

_____

Nun frage dich: Was glaube ich, um das gern machen zu können?

_____

Dann beziehe dich auf deine Antwort gerade und frage dich: Was glaube ich, weshalb ich das (Antwort gerade) glauben kann?

_____

Auf der nächsten Seite geht es weiter ⟶

Wir machen so weiter und du wirst dich vielleicht dabei erwischen, dich im Kreis zu drehen. Bemerke das und kehre zurück zur Frage. Versuche, statt dich im Kreis zu drehen, auf eine tiefere Ebene zu kommen. Fast so, als würdest du mit jeder Frage mehr und mehr zu deiner eigenen Mitte finden. Versuche so intuitiv wie möglich zu antworten:

Was muss ich glauben, um das glauben zu können?

_____

Was muss ich glauben, um das glauben zu können?

_____

Nach ein paar Fragerunden wirst du bemerken, wie du mehr in deiner Mitte bist. Nun atme durch und frage dich:

Welche tiefe Überzeugung über mich selbst, über das Leben oder meine Mitmenschen steckt dahinter und hilft mir, das glauben zu können?

_____

Am Ende der Übung sollte sich ein wunderbar wohliges Gefühl in dir breitmachen. Genieße das ein paar Atemzüge lang.

Genau wie in Kapitel 1 die Dankbarkeit und das Ankern guter Momente für Kraft und innere Freude sorgen, gibt dir auch das Erforschen positiver Handlungen ein gutes Gefühl. Viele deiner guten Annahmen zeigen sich in dem, was du liebst zu tun. Das ist wie der innere Antrieb, die intrinsische Motivation. Dich darauf zu besinnen, ist wichtig. Es hilft dir, nicht blind in eine Selbstoptimierungsschleife zu rutschen. Denn egal, was du hier alles an tollen Tipps liest: Halte dir immer vor Augen, dass all diese Übungen dich stärken sollen. Es geht nicht darum, dass du besonders schnell alles Negative aufräumst.

SEI GEDULDIG MIT DIR SELBST

Je differenzierter du auf dich selbst schauen kannst, umso mehr Ansatzpunkte für Veränderung wirst du sehen. Ich will dich also noch einmal daran erinnern, geduldig zu sein. Dies ist kein Wettrennen. Es geht vielmehr darum, zu verstehen, dass du unzählige Hebel zur Verfügung hast. Du kannst und darfst sie in deinem

Veränderungen werden leichter, wenn wir einen Plan haben.

Tempo nutzen und dir Zeit für jeden einzelnen Schritt nehmen. Im Zweifel tue weniger, wobei dir übrigens die nächsten Kapitel helfen werden. Bevor es damit losgeht, habe ich noch einen Tipp für dich. Wenn du etwas verändern willst, nutze das WOOP-Modell von Psychologiprofessorin Gabriele Öttingen[12]. WOOP ist ein Akronym, hinter dem sich diese vier Schritte verbergen:

W – Wish: Starte mit dem klaren Wunsch, etwas Bestimmtes zu verändern. Achte darauf, dass du diesen positiv formulierst. Du kannst mit einer Kleinigkeit beginnen, zum Beispiel die Pflanzen wieder häufiger zu gießen.

O – Outcome: Halte dir nun vor Augen, was sich alles verändern wird, wenn du das schaffst. Hierbei hilft Übung 18 auch. Du kannst dir vorstellen, wie wunderbar alles aussehen wird, wenn du deine Pflanzen so gut pflegst.

O – Obstacle: Du kennst dich selbst am besten. Was wird dich von deinen Plänen abhalten können? In welchen Situationen könnte es schwierig werden? Schau dir die Hindernisse an, die in deinem Weg stehen könnten. In unserem Beispiel wird es vielleicht schwieriger, wenn du einmal verreisen willst.

P – Plan: Nun überlege dir eine klare Vorgehensweise. Was tust du, wenn eines der Hindernisse auftritt? Welcher Plan verhindert, dass das Hindernis auftreten kann? Du könntest dir eine Urlaubsregelung für deine Pflanzen überlegen.

Prof. Öttinger hat in mehreren Studien belegt, dass diese Vorgehensweise die Wahrscheinlichkeit, ein Ziel zu erreichen, deutlich erhöht.

TEIL 2:

LERNE DEINEN GLÜCKSPLANETEN KENNEN

Hinter all dem Offensichtlichen,
den Emotionen
und den Versuchen
und der vermeintlichen Kontrolle,

Hinter To-do-Listen und
Techniken,
Gedankenketten und
Geschichten

Liegt
leise und still
die eine Tür.

Führt zu Weite und Raum.
Führt zu der, die schaut,
die alles sanft
in Liebe hüllt.

5. Springe auf eine neue Ebene

Wenn wir Tools an der Hand haben, um unseren Geist zu meistern, rückt von ganz allein eine neue Dimension in unsere Reichweite. Da wir uns nicht mehr ständig in den eigenen Dramen verfangen, entsteht eine neue innere Ruhe. Wir werden aufmerksamer für das, was hinter unseren Dramen immer schon wartet. Vor lauter Denken vergessen wir manchmal, dass wir mehr sind als unser Geist und unsere Gedanken.

Dieser zweite Teil lädt dich ein, bewusst eine andere Perspektive einzunehmen. Es gibt unzählige Möglichkeiten, diese Magie und das Glück zu fühlen. Einen Teil davon schauen wir uns gleich gemeinsam an. Du wirst lernen, deine Welt aus einer anderen Dimension zu betrachten, dein wahres Selbst kennenzulernen. Diese Liebe in dir, die Weite und Freude sind jederzeit verfügbar. Du wirst Übungen an die Hand bekommen, mit denen du aus deinen alltäglichen Gedanken jederzeit in diese Dimension wechseln kannst. Hierfür wirst du deine Energie steuern lernen und ein wenig über Yoga und deinen Körper erfahren. Sollte all das für dich nicht neu sein, dann freu dich über die Wiederholung. Vielleicht gibt es Aspekte, die du in anderen Variationen kennst, oder du erinnerst dich an etwas, was du vergessen hattest. Sollten alle Blickwinkel für dich neu und ungewohnt sein, gib dir Zeit. Für mich geht diese Reise nun schon über 10 Jahre, und so kann es sein, dass der ein oder andere Gedanke erst einmal Zeit braucht, um zu reifen.

Bist du bereit, in den zweiten Teil einzutauchen und gemeinsam die nächsten wunderbaren Schritte zu gehen? Der gesamte erste Teil war das Trainingscamp für deinen Kopf. Die Übungen dort werden dir immer wieder helfen, mit deinem Geist dein limbisches System und die alten Bären unter Kontrolle zu halten. Sie werden helfen, das Gute zu sehen und an dich zu glauben. Was dafür sorgen wird, dass du immer seltener in die Automatismen deiner Schutzprogramme flüchten musst und somit mehr und mehr bewusst leben kannst. Für mich ist die so entstehende innere Freiheit wirklich erstaunlich. Ja, manchmal drückt noch jemand einen meiner alten Knöpfe und eines meiner Programme startet im Unbewussten, doch ich bemerke es nun schneller und kann mir selbst helfen. Ich hoffe, so wird es dir auch gehen. Je mehr du deine eigenen ungünstigen Programme erkennen und bearbeiten kannst, umso freier kannst du leben. Du kannst jetzt öfter das Steuer übernehmen.

Die Kraft und Freiheit, die dadurch entsteht, kannst du nutzen, um eine andere Ebene zu entdecken und in ihr heimisch zu werden.

Neben all den Schutzprogrammen, der Aufregung und dem Stress gibt es eine andere Dimension. Diese besondere Dimension, in der du ganz präsent in dir und diesem Augenblick bist. Diese Dimension nenne ich immer Glücksplaneten-Dimension. Sie fühlt sich an wie die perfekte Mischung aus innerem Frieden, leiser Freude und tiefer Verbundenheit. Du kennst dieses Gefühl schon aus dem ein oder anderen goldenen Moment. Aus diesen Augenblicken, in denen die Zeit kurz stehen blieb und alles einfach nur wunderbar war. Viele Menschen fühlen so etwas zum Beispiel in der Natur. Kennst du das auch? Du stehst irgendwo und fühlst plötzlich so ein inneres ruhiges Glück. Alles scheint stillzustehen und du willst nur noch staunen, atmen und genießen. Diese tiefe Ruhe ist ein Merkmal für die Dimension, die ich meine. Dies ist die Ebene des wahren Selbst, deiner Seele oder auch des reinen Bewusstseins. Das Ziel für den zweiten Teil ist, dass du es dir hier, in deiner Glücksplaneten-Dimension, bequem machst. Dass du aufräumst, was dich von diesem schönen Ort in dir fernhält, und lernst zu verweilen. Es ist der Ort, nach dem du dich sehnst und der gleichzeitig in dir ist. Hier wartet deine Essenz.

ÜBUNG 19: WEITE FÜHLEN

Setze dich aufrecht hin und nehme bewusst ein paar tiefe Atemzüge. Spüre, wie dein Bauch sich dehnt und die Schultern bei der Ausatmung entspannen. Genieße das und lasse innerlich Ruhe einkehren. In dieser Ruhe suche in deinem Kopf nach einem Augenblick voll Verbundenheit und innerer Ruhe. Vielleicht gab es einen magischen Moment in der Natur oder auf deinem Meditationskissen? Oder einen Augenblick mit einem lieben Menschen, in dem eure Verbundenheit stark fühlbar war? Du suchst einen Moment, in dem die Zeit für dich kurz stehen blieb. Sobald dir ein solcher Moment in den Sinn kommt, tauche ein. Sieh, höre und fühle wieder alles so wie damals. Verharre hier kurz und nimm die Details bewusst wahr. Wenn du die Augen wieder geöffnet hast, beschreibe dein Erleben hier: Wie fühlte sich das an? Kannst du sagen, wo in deinem Körper du dieses Gefühl am meisten fühlen konntest?

_____

_____

Der Weg zur Glücksplaneten-Dimension unserer Seele führt über diese kleinen Augenblicke. Die Magie des Einsseins ist in uns gespeichert, und wie ein eingebauter Kompass zieht es uns dorthin, wenn der Lärm in unserem Kopf einen Moment nachlässt. Ein solcher Moment, an den ich mich erinnern kann, fand im Spätsommer im Süden Italiens statt. Mit Mitte 30 hatte ich mein Psychologiestudium neben Beruf und Familie beendet und war einfach nur erschöpft.

Ich sehnte mich nach Tagen voller Leichtigkeit, denn der Stress der Studienjahre und das Gefühl, keinem Bereich meines Lebens wirklich gerecht geworden zu sein, hatte die alte Melancholie in mir aufgeweckt. Es waren Herbstferien und die Sonne lockte zum Ausspannen. An einem der sonnigen Tage ging ich am Strand entlang und spazierte die Treppen zu einer kleinen Kapelle am Meer hinauf. Oben angekommen war ich außer Atem, schwitzte und versuchte halbherzig den Ausblick zu genießen. So ist das, wenn man lange gerannt ist, das Bad in der Zeit muss man erst wieder lernen. Ich trat in die Kapelle ein, in Gedanken beim nahenden Abendessen. Ich tat einen Schritt und plötzlich war alles still. Ich atmete, sah die Sonne von draußen herein scheinen und kleine Staubkörner in der Luft wie in Zeitlupe tanzen. Die Zeit blieb stehen und Frieden breitete sich in mir aus. Ich fühlte eine solche Verbundenheit zu allem in dieser Sekunde. Ich verharrte andächtig, bis die Magie verschwunden war und mein Magen knurrte. Ich setzte mich hin und alles war wieder normal. Die Gedanken tobten erneut durch meinen Kopf, aber in mir war ein Stück blauer Himmel aufgetaucht. Ich wusste, das war der Ort meiner Sehnsucht. Von nun an konnte ich ihn in mir selbst spüren.

Diese wunderbaren Momente in der Glücksplaneten-Dimension sind anfangs flüchtig und doch kannst du vielleicht manchmal fühlen, dass dich deine Sehnsucht zu ihnen führen will. Wir merken dann, dass wir unbedingt raus in die Natur müssen oder brauchen einen Moment der Stille ganz für uns allein. Wenn wir diesem Bedürfnis nicht nachgehen, weil unsere Bären oder Gewohnheiten es nicht zulassen, können wir regelrecht krank werden. Zudem muss man meist erst lernen, dort auch ein wenig zu verweilen. Aber stell dir vor, das würde gehen. Dein Leben könnte sich so ähnlich anfühlen wie in diesen goldenen Momenten und du könntest immer wieder die Zeit anhalten und dein Leben bestaunen.

DU BIST MEHR!

Bevor wir üben, die Glücksplaneten-Dimension zu betreten, will ich kurz auf diesen spirituellen Ansatz eingehen. Letztlich brauchen wir all die Begriffe gar nicht, um diese innere Welt des Friedens genießen zu können. Den meisten von uns fällt es jedoch viel leichter, einen Weg zu gehen, wenn unser Kopf ein Konzept bekommt, das er versteht. Du kannst die Begriffe wahres Selbst, Seele oder reines Bewusstsein ersetzen, wenn sie dir nicht gefallen. Begriffe sind nichts anderes als Schubladen, die in unserem Kopf verschiedene Themen sammeln. Ich glaube, sie sind, gerade bei solchen Themen, immer etwas zu eng gefasst. Wie ein kleiner Schuhkarton, in dem wir eine riesige Wolke verstauen wollen. Es geht einfach nicht. Trotzdem ist es hilfreich, ein paar Gedankenspiele zuzulassen, um unseren Geist mitspielen zu lassen.

> *Du bist mehr als dein Körper,*
> *deine Gedanken oder Emotionen.*
> *In dir ist eine überdauernde*
> *Kraft Leben, dein wahres Selbst.*
> *Sobald du dich ihr zuwendest,*
> *kehrt ein Gefühl von Ankommen,*
> *von Frieden und stiller Liebe ein.*

Um dauerhaft fühlen zu können, dass wir mehr sind als das, was wir denken, fühlen oder sehen, brauchen wir ein wenig Geduld. Zwischen 60.000 und 80.000 Gedanken haben wir Menschen pro Tag. Wir können nicht anders, als sie voller Aufmerksamkeit zu verfolgen, was die Suche nach innerem Frieden ganz schön schwer macht. Ich war lange viel zu beschäftigt, um versonnen in die Welt zu staunen, und bin es manchmal immer noch. Es braucht Ruheinseln und Stille – ganz ohne unser Gedankenkarussell. Haben wir sie nicht, bleiben wir zurück mit einer diffusen Sehnsucht in uns. Wir ahnen, dass da etwas falsch läuft, und wissen doch nicht, wo der richtige Hebel ist. Es wird deshalb Zeit, die Brücken zu deiner Glücksplaneten-Dimension zu entdecken, es lohnt sich so sehr. Unser wahres Selbst heißt nicht umsonst wahres Selbst. Hier ist die Dimension unserer Essenz, unserer Seele und damit von dem unschuldigsten und gleichzeitig ältesten Teil von uns.

Dein Glaubensbekenntnis
Schau dir einmal nur deine Glücksplaneten-Dimension an. Es ist der Teil von dir, der nicht urteilt, sondern liebt und annimmt und voller Freundlichkeit und Güte auf alles schaut. Der sich nicht beweisen muss und auch keine Angst hat. Kurz, dein wahres Selbst ist der wunderbarste Teil von dir und etwas völlig anderes als dein Geist oder dein Ego. Den Begriff »Ego« habe ich vom weisen Eckart Tolle[13] übernommen. Dein Ego ist nichts anderes als die konditionierte Stimme in deinem Kopf. All die unfreiwilligen, oft zwanghaften Gedanken, die dich auf Trab und in deinen Mustern halten. Dieser subjektive, bewertende Teil von dir ist dein Ego. Es ist das Ergebnis all deiner Erlebnisse und Erfahrungen und du glaubst meist fest daran, dass das ganz du bist.

Über das Ego, seine Struktur und wie du Veränderungen herbeiführen kannst, hast du im ersten Teil schon viel erfahren. Du hast gelernt, wie du Sinne verändern und für dich nutzen kannst. Nun geht es darum, die Ebene des wahren Selbst zu betreten. Das Ego bleibt einstweilen einfach, wo es ist. Es ist ein Teil von uns und macht uns menschlich. Wir wollen es nicht loswerden, sondern es nutzen, statt uns von ihm steuern zu lassen.

Ein einfacher Weg, um die Dimension vom Ego zum wahren Selbst zu wechseln, ist die Achtsamkeit. Sobald wir den jetzigen Augenblick mit all unseren Sinnen wahrnehmen können, ist die Wahrscheinlichkeit groß, dass unser Ego für einen Moment verschwindet. Der Zustand der Achtsamkeit bezeichnet das vollumfängliche Sein im Hier und Jetzt ohne jedes Urteil. Womit wir zwei, nicht unerheblich große, Herausforderungen vor uns hätten: Wir müssen lernen, ganz im Moment zu sein und nicht zu urteilen.

Raus aus dem Kopf, rein in das Jetzt
Bisher unterscheidest du eventuell zwischen deinem Körper, mit all seinen Knochen und Sehnen, der Haut und den Organen, und deinem Geist, also deinen Gedanken, Konzepten und Glaubenssätzen. Beide Ebenen geben uns Informationen. Wenn beispielsweise unser Arm juckt, spüren wir unseren Körper und reagieren. Denken wir an eine vergangene Szene unseres Lebens und überlegen, was wir hätten anders machen können, arbeitet unser Geist. Diese beiden Ebenen – Körper und Geist – sind verbunden. Eine alte Trauer zum Beispiel fühlen wir häufig als Kloß im Hals und ein Gefühl der wilden Freude als Kribbeln im Bauch.

Die dritte Dimension ist der Funke Leben in dir, dein wahres Selbst. Um dir klar über diese Ebene zu werden, beginne dich zu fragen: Wer beobachtet all das? Finde das, was deinen nächsten Gedanken in dir wahrnimmt und beobachtet, fast wie von außen, was du tust. Es ist spannend, darüber nachzudenken. Das wahre Selbst als Beobachter deines Egos, Körpers und deines Lebens. Es ist wie die Leinwand, auf der sich das Leben abspielt.

5. SPRINGE AUF EINE NEUE EBENE

ÜBUNG 20: GEHE MIT OFFENEN AUGEN DURCH DIE WELT

Mache einen Gang durch deine Wohnung oder um deinen Wohnblock oder durch deine Straße. Hab deine Augen geöffnet und betrachte alles. Versuche ganz und gar in diesem Moment zu sein, und beobachte zeitgleich deine Gedanken. Was sagt die Stimme in deinem Kopf? Atme tief und lasse alle Gedanken wieder ziehen. Versuche nur zu beobachten, nicht zu bewerten oder zu kommentieren, sondern einfach zu sein. Übe diese Übung, sooft du magst, und schau, was dir schwerfällt und was es leichter macht. Halte deine Gedanken fest:

_____

_____

Ist es nicht verrückt, wie wir ständig innerlich kommentieren und bewerten wollen? Obwohl ich diese Übung schon länger praktiziere, fällt sie mir häufig noch schwer. Ein Teil von mir will die verschiedenen aufkommenden Gedanken verfolgen. Wie wir aus dem ständigen Be- und Verurteilen aussteigen, erzähle ich dir in Kapitel 10. Jetzt werden wir uns erstmal auf die zweite Kunst konzentrieren, denn die Stimme im Kopf macht uns auch das Verweilen im Jetzt ziemlich schwer. Bei den meisten von uns ist es so: Wenn wir nicht gerade kommentieren und bewerten, rasen unsere Gedanken in die Zukunft oder beschäftigen sich mit der Vergangenheit. Mal mahnen sie uns zur Eile, indem sie wichtige Verabredungen in Erinnerung rufen oder sich sorgenvoll irgendein Horrorszenarium ausdenken. Manchmal rekapitulieren wir zurückliegende Augenblicke und durchleben alte Freude oder Schmerzen nochmal. Es tut gut, das bewusst zu beobachten. »Monkey Mind« sagt man im Yoga zu unserem Geist, weil er oftmals wie ein kleiner Affe munter von Ast zu Ast springt. Eine der Brücken sind unsere Sinne. Wenn wir beispielsweise den ersten Bissen Essen bewusst im Mund schmecken oder den Wind auf unserer Haut wirklich spüren, etwas ganz aufmerksam betrachten – dann wird etwas still in uns. Automatisch. Etwas ganz und gar wahrzunehmen und zu fühlen bringt uns immer in das Jetzt. Sobald dein Geist mit der Verarbeitung von Sinneseindrücken beschäftigt ist, kannst du nicht mehr über Zukunft oder Vergangenheit nachgrübeln. Eine tolle Intention ist es daher, ab jetzt möglichst viel ganz wahrnehmen zu wollen. Gedankenstrudel haben so immer weniger Chancen und in dir ist ein Anker, mitten in die ruhige Ebene deines wahren Selbst, mitten in dein Zuhause.

ÜBUNG 21: ALLES WAHRNEHMEN

Genau da, wo du jetzt bist, halte einen Augenblick inne. Ohne den Kopf groß hin und her zu bewegen, schau vom Buch auf und sieh dir alles genau an. Sieh die Farben, Texturen, Details deiner Umgebung. Dann höre hin. Höre die Geräusche, die in deiner Nähe sind, und die, die sich weiter weg zu befinden scheinen. Rieche, wie es gerade riecht. Eventuell gibt es verschiedene Gerüche? Nimm auch den Geschmack in deinem Mund wahr und das Gefühl deiner Zunge in deinem Mund. Dann beginn deinen Körper zu fühlen. Wo ist Anspannung und wo Entspannung? Wo überall kannst du die Bewegung deines Atems spüren? Wenn all diese Eindrücke bei dir angekommen sind, verbinde dich mit der Position des nicht bewertenden Beobachters in dir. Fahre fort, solange du magst, und genieße die innere Stille in dir.

Mit Achtsamkeit deine Umgebung wahrzunehmen, schenkt dir jederzeit Ruhe und übt deinen Geist darin, die Aufmerksamkeit zu fokussieren. All die Übungen sind daher auch als mentales Training zu verstehen. Es ist ein wenig so, als würdest du diesen wilden kleinen Affen im positivsten Sinn dressieren wollen. Dass all die Techniken gleichzeitig auch beruhigen, ist einer der besten Effekte des Achtsamkeitstrainings, denn so bekommt ein weiterer Teil deines vegetativen Nervensystems eine Chance sich durchzusetzen: dein Parasympathikus. Dieser Teil des limbischen Systems ist der Gegenpol zum Bärenprogramm. Während Flucht, Kampf und Starre die Programme des Sympathikus sind und dein Überleben sichern, gibt es noch mehr Automatismen. Für unsere Vorvorvorfahren war natürlich nicht nur das Wegrennen und Kämpfen wichtig, sondern ebenso die Nahrungsaufnahme, Bindung und Regeneration. Während dein Sympathikus Adrenalin und andere Stresshormone ausschüttet, um deine Muskeln bei drohender Gefahr in Hochspannung zu versetzen, schüttet der parasympathische Teil deines vegetativen Nervensystems Bindungs- und Glückshormone aus. Sobald du dich entspannst, beginnt dieser Teil zu arbeiten. Ohne den bei Gefahr aktiven Tunnelblick arbeitet auch dein Verstand nun klarer, sodass du produktiver und kreativer wirst. Kurz, es ist für deinen ganzen Körper, für deinen Geist und die Ergebnisse, die du erzielst, so viel besser, wenn du dich entspannst, und genau dazu dient Achtsamkeitstraining und Meditation.

MYTHOS MEDITATION

Um es gleich zum Start zu sagen: Es gibt keinen vernünftigen Grund, nicht zu meditieren. Die Studienlage ist beeindruckend. Du brauchst nur die Begriffe »Vorteile«, »Meditation« und »Stu-

dien« googeln und wirst mit über 6 Millionen Treffern konfrontiert. Fakt ist, dass Meditation – wie jede regelmäßige Routine – unser Gehirn umformt. In einer Studie[14] zeigte sich, dass Menschen nach nur 8 Wochen Achtsamkeitstraining bereits weniger Angst hatten und ihr Gehirn eine erhöhte Aktivierung der Areale zeigten, die den positiven Gefühlen zugeordnet sind. Außerdem hatte diese Gruppe eine erhöhte Immunfunktion, denn als man die Gruppe gegen Ende des Trainings gegen Grippe impfte, bildeten sie deutlich mehr Antikörper aus als die andere Gruppe ohne Meditationstraining. Andere Studien legen nahe, dass der in Meditationen trainierte Ruhezustand unseres Gehirns mit einer erhöhten Gedächtnis-, Lern- und Wahrnehmungsleistung in Verbindung gebracht werden kann. Was grob zusammengefasst bedeutet, dass wir, mit ein wenig Meditationspraxis, nicht nur unser wahres Selbst fühlen können, sondern zudem fitter, wacher und fröhlicher werden. Wie gesagt: Es gibt keinen halbwegs vernünftigen Grund, nicht zu meditieren.

Regelmäßiges Achtsamkeitstraining und Meditation formen dein Gehirn um, sodass du glücklicher, fitter und aufmerksamer durch dein Leben gehen kannst.

Leider hält sich beständig der Mythos, Meditation sei auf irgendeine Art kompliziert, schwer oder gar zeitaufwendig. Was nicht stimmt. Es ist lediglich ungewohnt, tut aber unendlich gut. Ich kann mir gar nicht mehr vorstellen, ohne Meditation in den Tag zu starten, dabei war mein Anfang alles andere als leicht. Ich erinnere mich noch gut an meinen ersten Versuch in einem Yoga-Workshop.
Der Yogalehrer versicherte uns mit ernsthaftem Blick, wie wichtig und wohltuend eine Medita-

tionspraxis sei. Ich rollte die Augen, immerhin war ich gekommen, um meinen Körper zu bewegen. Wir wurden aufgefordert, die Augen zu schließen, uns nicht zu bewegen und unsere Atemzüge zu zählen. Immer, wenn wir mit einem Gedanken unser Zählen durchbrechen würden, sollten wir von vorn beginnen. Die fünf Minuten kamen mir endlos vor. Meine Beine kribbelten, tausend Gedanken durchbrachen meine Atemzählerei, und so landete ich bei gerade einmal acht Zählern, als die Übung beendet wurde. Ich war nicht die Einzige. Fast die ganze Gruppe blieb im Ergebnis einstellig und in mir kam der Gedanke auf, dass ich »Meditation einfach nicht kann«, da ich »zu viel denke«.

So lernen wir
Nun sei gesagt, dass das total normal ist. Fast alles Ungewohnte müssen wir erst einmal üben, bevor wir es beherrschen. Ich meine, man beginnt auch nicht mit 100 Liegestützen, wenn man seine Armmuskeln trainieren will, oder? Es ist also wichtig, dass du dich langsam an Meditation herantastest und nicht zu viel erwartest. Sie ist ein mentales Training, was dir mit der Zeit immer leichter fallen wird, was aber genauso trainiert werden will wie alles andere auch. Irgendwann wirst du dir vielleicht diesen Ort der meditativen Stille einfach so aufrufen können, egal, wo du bist und was gerade los ist. Bis es so weit ist, durchläufst du allerdings einige Phasen des Lernens und Übens. Für die Frage, wie wir lernen und was normal ist, liebe ich das Conscious Competence Model[15]. Das Modell geht davon aus, dass die erste Stufe unseres Lernprozesses die unbewusste Inkompetenz ist. Als ich beispielsweise noch nicht Autofahren konnte, aber überheblich die Augen gerollt habe, wenn ein Fahrer für das Einparken länger brauchte als gedacht, wusste ich weder, dass ich es nicht kann, noch wie komplex der Vorgang wirklich war. So ist es auch mit dem Meditieren. Anfangs ahnen wir nicht, wie wild der Affe in unserem Kopf mit all den Gedanken jongliert.

Die zweite Stufe ist die bewusste Inkompetenz. Meine erste Fahrstunde, auweia! Plötzlich soll man Kupplung und Gas benutzen und ein Lenkrad steuern. Ich war haltlos überfordert und fühlte mich schrecklich. Es schien zu diesem Zeitpunkt noch ein unendlich langer, anstrengender Weg, bis ich ein Auto würde einparken können. Nach der vorn geschilderten Meditationserfahrung ging es mir ähnlich. Ich war mir sogar fast sicher, dass ich das nie schaffen würde. Fast hätte ich hier hingeworfen.

Die dritte Stufe des Lernens ist die bewusste Kompetenz und diese meistern wir mit schlichter Übung. Ich hatte damals natürlich jede Menge Fahrstunden, würgte das arme Fahrschulauto einige Male unsanft ab, übte und begann dann doch noch ein Gefühl fürs Fahren zu entwickeln. Routine stellte sich sacht ein. Ich war zwar noch nicht entspannt beim Fahren, aber es begann Spaß zu machen. Mit meiner Meditationspraxis war das ähnlich. Über ein Jahr nach meiner ersten, abschreckenden Meditationserfahrung probierte ich es erneut. Ich nahm mir vor, 40 Tage lang täglich zu meditieren, und mit der Zeit wurde es etwas leichter, fühlte sich allerdings immer noch ein wenig nach Arbeit an. Diese dritte Stufe des Lernens ist immer etwas kritisch. Sie fühlt sich nicht nach einem selbst an, es bleibt noch anstrengend. Ist ein Thema uns wichtig genug, bleiben wir trotzdem dran. Wir müssen also diesen Führerschein oder diesen inneren Frieden unbedingt wollen.

Zum Glück hast du hierzu die vielen Tipps aus dem 4. Kapitel, sodass du weißt, wie du Veränderungen in deinem Leben unterstützen kannst. Und irgendwann kommt automatisch die letzte

Stufe des Lernprozesses, die unbewusste Kompetenz. Plötzlich müssen wir nicht mehr darüber nachdenken, was wir tun. Es passiert automatisch. Wir fahren Auto und können dabei entspannen, können kuppeln, ohne zu denken, und genießen die Fahrt. Meditation wird an dieser Stelle leicht. Wie ein Zuhause, in dem du dich wohlig einkuscheln kannst. Ein Ort des Friedens, jederzeit abrufbar und in dir. Nun findest du in der Meditation tiefe Wahrheiten, Liebe, Verbindung und deinen eigenen Glücksplaneten. Es lohnt sich also zu üben und ich habe verschiedene Lieblingsmeditationen für dich zusammengetragen.

ÜBUNG 22: DEINE ERSTE FAHRSTUNDE

Lass uns mit einer einfachen Übung zur Meditation beginnen:

Stelle dir deinen Timer auf fünf, zehn oder fünfzehn Minuten und setze dich bequem und aufrecht hin. Schließe die Augen.

Beginne, das Treiben in deinem Kopf und Körper zu beobachten. Atme dabei ruhig und entspannt. Sieh, wie sich Körperwahrnehmungen mit ihren scheinbaren Dringlichkeiten in den Vordergrund schieben und wie schwer es manchmal ist, ihnen nicht nachzugehen. Wenn dein Arm juckt, versuche den Reiz und den Drang zu beobachten – fast so, als würdest du einen inneren Film sehen. Wenn es gar nicht geht, kratze und beobachte die Erleichterung – gefolgt vom nächsten Impuls. Hör auch all deine Gedanken, sieh die inneren Bilder. Beobachte, ohne zu verweilen. Versuche zu fühlen, dass etwas in dir dieses ganze Spiel betrachtet. Werde eins mit der Perspektive des Beobachters in dir. Wechsle auf die Dimension deines wahren Selbst.

Wenn dein Timer klingelt, strecke dich kurz und öffne die Augen. Wenn du magst, kannst du deine Gedanken zu dieser Übung hier festhalten:

_____

_____

_____

Du solltest jeden Tag 20 Minuten meditieren. Außer du hast keine Zeit, dann solltest du eine Stunde meditieren. (Zen-Weisheit)

Um dich ein wenig zu ermutigen, will ich dir ehrlich sagen, wie es bei mir manchmal ist. Gerade, wenn das Leben wild ist, ist mein Geist manchmal nicht zu bändigen. Er ist nicht sehr weise, wird mir jedes Mal klar, wenn ich so meditiere. Die Gedanken, die in meinem Kopf kreisen, wechseln sich unaufhaltsam und ohne erkennbare Logik ab. Ich denke an mein juckendes Bein, erinnere mich selbst daran zu atmen, merke, wie mein Bein einschläft, ärgere mich darüber und so weiter, und so fort.

Mir zeigt diese Übung bis heute immer wieder auf, dass auf das, was ich früher als »klar denkenden Kopf« bezeichnet hätte, kein Verlass ist. Na klar, eigentlich kann ich gut denken oder argumentieren, aber in meinem Kopf herrscht häufig das blanke Chaos. Ohne den Ruhepol der Meditationspraxis und Achtsamkeitspraxis und ohne die Techniken aus dem ersten Teil, mit denen ich meine Bären und meine Emotionen im Griff behalte, wäre ich deutlich schneller auf die Palme zu bringen und hätte einen anderen Blickwinkel auf die Welt.

Es ist unsere Verantwortung, die Brille, mit der wir alles betrachten, zu einer wohltuend liebevollen, gütigen, freundlichen Brille werden zu lassen. Hierbei hilft Meditation. Wenn wir in einem Moment des Tages fühlen, dass in uns mehr ist, klingt dies in unserem Alltag wie ein beruhigender Unterton nach. Mich beruhigt, dass selbst die Menschen, die ich als voller Liebe und Weisheit, als erleuchtet bezeichnen würde, eine Praxis brauchen, um so sein zu können. In einem Buch[16] habe ich gelesen, dass selbst Seine Heiligkeit der Dalai Lama jeden Morgen um 3 Uhr früh aufsteht, um fünf Stunden zu beten. Ich glaube, er braucht diese Zeit, damit er für den Rest des Tages der Dalai Lama sein kann. Um dir noch eine weitere Möglichkeit zu geben, Meditation und innere Achtsamkeit zu praktizieren, schauen wir uns noch eine Mantra-Meditation an.

Nutze ein Mantra für dich
Mantra ist ein Wort in Sanskrit, was einen heiligen Spruch, Vers oder ein heiliges Wort bezeichnet. Der Meditationslehrer Davidji beschreibt in seinem Buch[17], dass »… das Wort ›Mantra‹ von zwei Sanskrit-Worten stammt: ›man‹, was ›Geist‹ bedeutet, und ›tra‹, was ›Vehikel‹ oder ›Instrument‹ heißt.« Das heißt, dass wir Worte, Sätze, Silben oder Töne nutzen können, um unseren Geist zu beschäftigen, zu zentrieren und in eine bestimmte Schwingung zu versetzen. Es gibt unzählige Mantren in den alten weisen Texten des Yogas, und es ist schwer, einzelne davon herauszupicken. Zudem bin ich keine Sanskrit-Gelehrte und es gibt eine Menge weitaus fundiertere Bücher, um sich genauer mit Mantren zu beschäftigen.

Für unseren Weg jedoch ist eine Meditation mit einem wiederkehrenden Mantra absolut heilsam und wunderbar, weshalb ich drei mögliche Mantren ansprechen will.

OM – der Ton, der das Universum erschuf
Traditionell beginnen viele Yogaklassen mit einem bis drei gemeinsam gesungenen »OMs«. Diese Silbe vereint, den Texten zufolge, das All-Eins, das Universum, das Göttliche mit unserem, getrennt scheinenden, Selbst. Sie sorgt dafür, dass unser Geist und Körper verbunden mit unserer Seele schwingen und wir so eine Verbindung zum Universum bekommen. Singen wir, ist dies eine Mantra-Meditation. Hierzu kann man das Mantra laut, leise oder auch innerlich singen. Der Ton beruhigt ungemein und ich kann dir nur empfehlen, es auszuprobieren. Die Silbe »OM« wird eigentlich »A-U-M« gesungen und beginnt hinten im Hals ihr Leben. Sie rollt von dort aus durch den Mund, den Gaumen entlang, um dann mit einem »Mmmm« langsam abzuebben, bevor der nächste Zyklus beginnt. Du kannst das als eigene Meditation üben. Dafür tönst du 10 Minuten lang das OM und spürst dann nach, wie es dir geht.

**Ich bin Liebe, ich bin Licht –
ein Mantra, um dich zu stärken**
Ich bin mir nicht mehr sicher, woher ich dieses Mantra habe. Ich kann aber sagen, dass es mir seit vielen Jahren bis heute wunderbare Zustände und Meditationen geschenkt hat. »Ich bin Liebe, ich bin Licht« erinnert dich an dein wahres Selbst. Daran, dass du nicht der Schmerzkörper bist oder das Ego, das in dir manchmal zu wüten scheint, sondern diese wunderbare Essenz des Universums. Wenn du mit dir selbst sehr kritisch bist oder manchmal in dunklen Ecken festhängst, dann empfehle ich dir von Herzen, dieses Mantra zu nutzen. Es öffnet dein Herz für die Kraft in dir.

Ich kombiniere dieses Mantra mit einer Visualisierung, die ich seit Jahren jeden Tag übe. Hierbei stellst du dir vor, dass in dir ein Licht scheint und sich langsam ausbreitet. Letztlich geht es bei all den Übungen rund um Meditation nicht nur darum, unseren Geist zu beruhigen, sondern ebenso darum, uns für eine größere Wahrheit zu öffnen. Aus meiner Sicht ist ein wichtiger Schritt hierfür, zu spüren, dass wir immer mit Licht verbunden sind. Im nächsten Kapitel, wenn es um Atem, Energie und Chakren geht, wirst du hierzu mehr erfahren.

ÜBUNG 23: DIE LIEBE- UND LICHTMEDITATION

Stelle deinen Timer für diese Meditation auf 5, 10 oder mehr Minuten ein und setze dich aufrecht an einen ruhigen Ort. Atme tief ein und aus und schließe die Augen.

Nutze einige Atemzüge, um eine innere Ruhe entstehen zu lassen. Entspanne dafür deine Schultern, Arme, deinen Kiefer und konzentriere dich ganz auf Ein- und Ausatmung. Beginne dein Mantra innerlich zu rezitieren. Sage dir bei der Einatmung »Ich bin Liebe« und bei der Ausatmung »Ich bin Licht«. Nach einigen Atemzügen stell dir vor, dass in dir ein wunderschönes klares Licht strahlt. Dieses Licht dehnt sich in der Mitte deines Oberkörpers mit jedem Atemzug aus, bis es irgendwann deinen ganzen Körper durchströmt. Bleibe bei deinem Mantra und fühle dabei das Licht in dir. Wenn dein Timer das Ende der Meditation anzeigt, atme noch einmal tief ein und sage dir: »Ich nehme mein Licht mit, wohin auch immer ich gehe.« Dann erst öffne die Augen.

Ich liebe es, diese Meditation am Morgen zu üben. Es ist, als würde ich für den Tag auftanken und mich in einen Mantel aus guter Energie und Positivität hüllen. Was wichtig ist und nichts mit Egoismus oder mangelndem Realismus zu tun hat. Eigentlich ist es genau das Gegenteil. Die Welt wird nicht besser, wenn wir uns über sie beklagen oder vor lauter Sorgen einen krummen Sinn bekommen. Besser ist es, die eigene Kraft zu fühlen, aufzutanken und dann loszulegen. Dort zu verändern, wo es Möglichkeiten gibt. Das geht nur gut, wenn wir voller Energie sind, und diese besondere Meditation sorgt dafür. Außerdem eignet sie sich für eine 40-Tage-Meditations-Challenge. Bereit?

Auch alltägliche Tätigkeiten können zur Meditation werden. Konzentriere dich doch beim Kartoffelschälen ganz auf das, was du dabei machst. Lasse keine Ablenkung durch Musik usw. zu. Versuche nur zu sein und konzentriert zu handeln. Wenn du kannst, dann wechsle zur Perspektive der Beobachterin und sieh dir selbst beim Tun zu, zum Beispiel beim Kartoffelschälen.

Es ist verrückt, wie schwer es anfangs scheint, so präsent im Jetzt zu sein. Wir könnten eigentlich den ganzen Tag meditieren. Es scheint schwierig, da unser Geist das mentale Training noch nicht gewohnt ist. Nach den Lernstufen von Bandura brauchst du nur genügend Übung, bevor du versonnen deine Ruheinsel in jeder noch so profanen Tätigkeit finden kannst.

Die Stille in uns hat eine eigene Magie.

DIE BRÜCKE INS JETZT BETRETEN

Um unser Leben vom inneren Glücksplaneten aus zu leben, brauchen wir die Brücke ins Jetzt. Eckart Tolle hat ein ganzes Buch[18] darüber geschrieben. Die Wahrnehmung von dem, was ist, schafft den Raum für die Dimension unseres wahren Selbst. Plötzlich nimmt der Lärm der Gedanken ab. Mit ihm weicht die Angst vor möglichen Bären und eine wohltuende Stille tritt ein. Alles, was wir tun müssen, ist, die Brücken in den jetzigen Augenblick zu finden. Anfangs kann sich auch das wie Anstrengung anfühlen, und sollte es so sein – mache weniger. Wirklich. Atme durch. Deine Entwicklung ist kein Wettrennen und du darfst dir alle Zeit nehmen, die du brauchst. Dein Weg in Richtung Glück, Freiheit und Gelassenheit sollte Spaß machen. Im nächsten Kapitel geht es um deine Energie, denn auch sie kann ein Weg in deine Mitte sein. Ich hoffe, du bekommst spätestens jetzt eine Idee davon, wie wunderbar du bist. Du bist eine Seele auf einer einzigartigen Reise und es gibt dich nur einmal auf dieser Welt.

6. It's all Energy, Baby

Was antwortest du auf die Frage: Wie geht es dir? Finde deine Antwort. Wenn du sie hast, frage dich: Was war mein erster Impuls, um diese Antwort zu finden? Wo suchte mein Geist nach ihr?

Mein erster Impuls leitete mich früher immer in meinen Kopf. Ich dachte nach. Meist habe ich überlegt, wie es bei mir gerade so läuft, und dementsprechend geantwortet. Das ist leider etwas eindimensional, wenn auch relativ verbreitet. Da du schon weißt, dass du mehr bist als deine Gedanken, kannst du überlegen, ab jetzt ganzheitlicher auf dein Wohlbefinden zu schauen. Ich habe begonnen, in mich hineinzuspüren. Frage dich dazu: Wie ist meine Energie jetzt gerade? Wie geht es meinem Körper in diesem Moment? Und schau, wie diese Antwort ist. Der Perspektivwechsel ist wichtig. Dein Energiefeld braucht deine Aufmerksamkeit, denn es bietet dir wunderbar viele Möglichkeiten für Veränderung, Klärung und dein inneres Glück. Kannst du deine Energie managen? Sie auffangen und umleiten, wenn sie am Boden ist?

In der Yogalehre[18] habe ich irgendwann gelernt, dass unser menschliches Sein eine mehrdimensionale Erfahrung ist und wir aus mehreren Hüllen beziehungsweise Schichten bestehen. Diese Schichten werden *Koshas* genannt und sie wirken aufeinander. Unser Körper, also das, was man sehen und anfassen kann, ist eine dieser Schichten. Ihn zu pflegen und rein zu halten ist unsere Aufgabe, um irgendwann die pure Glückseligkeit in uns, unser reines Bewusstsein, das »Anandamaya Kosha«, fühlen zu können. Denn der Yoga geht auch davon aus, dass alles immer schon in uns ist. Wir sind das pure Glück, das reine Bewusstsein, die Liebe, doch die Schichten lenken uns ab, sodass wir unsere eigene Essenz gar nicht wahrnehmen können. Das ist der Grund, weshalb wir uns um all unsere Schichten liebevoll kümmern müssen. Unser Egogeist mit all seinen Emotionen stellt eine Hülle dar, ebenso unsere Intelligenz, die uns reflektieren lässt. Diese beiden haben wir quasi im ersten Teil betrachtet. »Pranamaya Kosha«, unserer energetischen Hülle, gilt dieses Kapitel.

Ich muss zugeben, dass ich meine Atmung und ihren Einfluss auf mein Glück viel zu lange nicht ernst genommen habe. Ich meine, man atmet halt, oder? Es erschien mir nicht sinnvoll, mehr Gedanken an meinen Atem zu verschwenden. Beginnt man dann damit, Yoga zu üben, hat man es plötzlich andauernd mit Anweisungen rund ums Atmen zu tun. »Atme ein, Hände nach oben.« Gefolgt von einem »Atme aus, Hände zum Boden« tönt es durch den Raum, und mit der Zeit versteht man, wieso Bewegung und Atmung verschmelzen müssen.

Meine erste echte Atemübung fand daher auch in einer Yogaklasse statt. Wir saßen am Boden und sollten auf eine bestimmte Art und Weise ein- und ausatmen, was erstaunlich guttat. »Pranayama« heißen Atemübungen im Yoga und das Sanskritwort bedeutet übersetzt »Vertiefung des prana (= Lebensenergie oder Atem)«[18]. Deine Lebensenergie ist genau das, was du dir anschauen wirst, denn wenn du sie schützt und fließen lassen kannst, kann sie eine der Brücken zu deinem inneren Glücksplaneten sein. Deine Atmung ist verbunden mit deinem Geist, deinen Mustern und Gedanken und deinem Körper.

Wir können überall bewusst atmen. Sofort verändert sich der Moment.

Kannst du sie lenken, gehst du klarer und strahlender durch dein Leben. Pranamaya, die Lenkung des Atems, ist ein wirkungsvolles Instrument und ich hoffe, du bekommst Lust, es täglich zu nutzen.

SO EINFACH WIRKT PRANAYAMA

Du bist Energie, dein Atem und deine Haltung, aber auch was du isst, wie viel du schläfst – all das beeinflusst deine Energie. Atem ist also nur eines von vielen Tools. Mit Atemübungen kannst du deinen Körper reinigen, dich abreagieren, zur Ruhe kommen oder Blockaden auflösen. Nicht nur darum sind Atemübungen ein wunderbares Instrument. Atemübungen fallen einem anfangs oftmals leichter als Meditationen. Wir Menschen können eher ruhig sitzen bleiben, wenn wir etwas zu tun haben. Üben wir Pranayama, ist unser Geist damit beschäftigt, die Atmungen richtig auszuführen, was ihn beruhigt und ein guter Weg in die innere Stimme sein kann.

Ich will dir also meine Lieblingsatemübungen vorstellen und dich bitten, sie alle einmal auszuprobieren. Bitte fühle, bevor du startest, jedes Mal kurz in dich hinein, um feststellen zu können, wie deine Energie ist. So hast du einen tollen Vorher-nachher-Effekt. Er wird dir helfen herauszufinden, was dir wann guttut, sodass du beginnen kannst, Pranayama in deinen Tagesablauf zu integrieren.

Wir starten mit einem Klassiker, den ich immer wieder gern nutze, um mich herunterzufahren und mit dem Körper zu verbinden.

6. IT'S ALL ENERGY, BABY

ÜBUNG 24: DER VIERER-ATEM

Ich liebe diese Atemübung, denn sie ist supereinfach und gleichzeitig sehr effektiv. Sie beruhigt deinen Geist und lässt dich erste Erfahrungen mit Energielenkung machen. Sitze oder stehe für diese Übung aufrecht. Du willst immer, wenn du Atemübungen ausprobierst, dafür sorgen, dass sich Bauch und Brustkorb gut bewegen können. Im Zweifel öffne lieber den Knopf deiner Hose, falls das notwendig scheint.

- Schließe die Augen, um dich ganz auf die Atmung konzentrieren zu können, und beobachte ein paar Atemzüge lang den natürlichen Fluss deines Atems. Nimm wahr, wie er heute ist, ohne das zu beurteilen.
- Dann beginne deinen Atem in Vierer-Schritte einzuteilen. Hierzu atmest du lang und ruhig durch die Nase ein und zählst dabei innerlich bis vier.
- Halte deinen Atem und zähle wieder bis vier.
- Atme ruhig und gleichmäßig durch die Nase aus, während du bis vier zählst.
- Halte die Atemleere und zähle bis vier.
- Übe diese Übung für einige Minuten.
- Sitze noch ein paar Atemzüge still und fühle nach, bevor du die Augen öffnest.

Diese Übung verdeutlicht dir alle vier Stadien deines Atemzyklus. Teste aus, ob du ein Stadium lieber magst als die anderen.

Die Atmung besteht aus vier Phasen, die alle unterschiedlich wirken und denen du jeweils deine Aufmerksamkeit schenken solltest.
- Die Einatmung ist ein Auftanken. Die frische Luft wird in deinen Körper gezogen. Stell dir vor, dass die Luft über die Lungen hinaus bis in dein unteres Becken geleitet wird. So als könntest du mit deinem ganzen Körper einatmen. Jede Einatmung lädt ein, was du brauchst.
- Die Atempause in der Fülle ist eine sanfte Umarmung. Atmen wir normal, ohne spezielle Aufmerksamkeit, ist diese Pause winzig und kaum wahrnehmbar. Sie markiert den Wechsel von Ein- zu Ausatmung. Du kannst jedoch beginnen, sie auch im Alltag auszudehnen. Hier wartet immer Stille auf dich. Probiere es aus. Stell dir vor, dass dein Körper ein Gefäß ist und etwas Kostbares hereinströmt. Halte

deinen Atem, als würdest du ihn umarmen wollen, mit aller Sanftheit. Sobald der Impuls zur Ausatmung kommt, gib ihm sanft nach.
- Die Ausatmung ist immer ein Loslassen. Der Körper scheidet das aus, was nicht gebraucht wird. Besonders stark fühle ich das, wenn ich durch den Mund ausatme. Du kannst alles Negative hinausatmen und dir sicher sein, dass das Universum sich darum kümmert.
- Die Atempause in der Leere ist eine Übung in Vertrauen. Der Körper atmet automatisch. Jeder Ausatmung wohnt das Vertrauen inne, dass die nächste Einatmung schon kommen wird. Das Leben kümmert sich um dich. Wenn du in der Atemleere verharrst, ist die Stille häufig noch größer.

Man unterscheidet zwischen der sogenannten Brustatmung, in der sich die Rippen dehnen, und der Bauchatmung. Wobei diese zwei nicht wirklich Alternativen sind, sondern eher einen Atemfokus zeigen. Dieser kann weiter oben bei den Rippen liegen, die sich dehnen, wenn die Zwischenrippenmuskeln bei der Einatmung in die Lungenflügel für Platz sorgen. Neben den Atemhilfsmuskeln an Hals und Rücken leistet auch unser Zwerchfell ordentliche Arbeit. Der Zwerchfellmuskel sitzt wie eine Trennwand zwischen Brust- und Bauchraum. Bei einer tiefen Einatmung arbeitet er nach unten, dehnt sich in den Bauchraum aus. Das wird dann häufig Bauchatmung genannt. Er massiert dabei die nahe liegenden Organe und schafft Raum für mehr Luft im Lungenbereich. Bei der Ausatmung lässt der Zwerchfellmuskel locker und wölbt sich wie eine Kuppel zurück in Richtung Lunge, sodass die Luft entweichen muss.

Damit du deinen Atem verstehen kannst, lass uns schauen, woran es liegt, dass du einmal so oder so atmest, einmal eher in den Bauch und einmal in die Brust.

Deine Energie hängt mit deinem Atem zusammen und kann über Atemübungen gesteuert werden. Der Effekt ist sowohl körperlich als auch mental und emotional spürbar.

Wie du atmest, hängt meist mit deinem inneren Zustand zusammen, denn deine automatischen Programme wirken auf deinen Atemrhythmus. Sobald dein limbisches System Gefahr wittert, weil es zum Beispiel einen alten Bären entdeckt, beginnt dein Körper sich auf Kampf, Flucht oder Starre einzustellen. Durch die Ausschüttung der Stresshormone wird dein Atem flacher, dein Blutdruck steigt, die Schmerzempfindlichkeit sinkt und das Blut wandert aus deinem Mitte zu unseren Muskeln in Beinen und Armen. Du atmest jetzt vermehrt im oberen Brustraum, und das deutlich schneller. Dies macht dich kurzzeitig leistungsfähiger. In anderen Momenten, wenn du entspannter bist, atmest du tiefer. Die Vollatmung, bei der sich dein Zwergfell mehr nach unten ausdehnt, ist die besser regenerierende Atmung. Immer, wenn du dich sicher fühlst, kann dein Körper entspannen und wortwörtlich richtig durchatmen. Das Blut ist dann vermehrt in deiner Mitte und versorgt die lebenswichtigen Organe dort gut. Du musst vielleicht gähnen und deine Muskeln lassen locker. Durch die tiefere Atmung in den gesamten Atemraum nimmst du mehr Sauerstoff auf als bei der flacheren Brustatmung. Alle Zellen werden besser versorgt. Du siehst, dein Atem sagt viel über deinen Zustand aus. Da dein limbisches System deinen Atem steuert, kannst du diese Verbindung auch andersherum nutzen. Über den Atem kannst du wichtige Entspannungssignale an deinen Geist geben.

EIN-UND AUSATMUNG REGELN (FAST) ALLES

Deine eigene Energie kannst du mit Hilfe einfacher Atemübungen überall und schnell regulieren. Eine Möglichkeit dazu ist, dass du deine Ein- oder Ausatmung an das anpasst, was du gerade brauchen kannst. Solltest du müde sein, kannst jedoch gerade keine Pause machen, dann atme einfach ein paar Minuten lang doppelt so lange ein wie aus. Ich mag es, auf 8 Zähler einzuatmen und dann auf 4 kräftig und vollständig auszuatmen. Dieser tiefe Atem in Brust- und Bauchraum versorgt dich mit Sauerstoff und wirkt energetisierend. Ebenso kannst du dich bei Anspannung wieder »runteratmen«, indem du bewusst länger aus- als einatmest. Probiere auch hier einmal den Rhythmus 4 zu 8. Also auf 4 Zähler einatmen und dann entspannt, langsam und vollständig auf 8 Zähler aus. Ich fühle den Effekt dieser Übung schon nach wenigen Minuten, und es ist so einfach und praktisch.

Finger an die Nasenlöcher

Eine weitere feine Möglichkeit, deine eigene Energie zu beeinflussen, ist die Atmung über die Nasenlöcher zu regulieren. Der Effekt ist gut spürbar. Um das zu testen, fühle einmal kurz, wie deine Energie jetzt gerade ist. Wo befindest du dich auf einer gedachten Skala zwischen super entspannt bis aufgekratzt und munter? Halte dir nun für ca. 1–2 Minuten das rechte Nasenloch zu und atme nur durch dein linkes Nasenloch ein und aus. Spüre dann nach und fühle, was sich an deiner Energie verändert hat. Wie fühlst du dich nun? Hat dich der Atem durch dein linkes Nasenloch eher belebt oder eher beruhigt? Nun halte dir dein linkes Nasenloch zu und atme nur durch dein rechtes für ca. 1–2 Minuten. Kannst du den subtilen Wechsel deiner Energie fühlen?

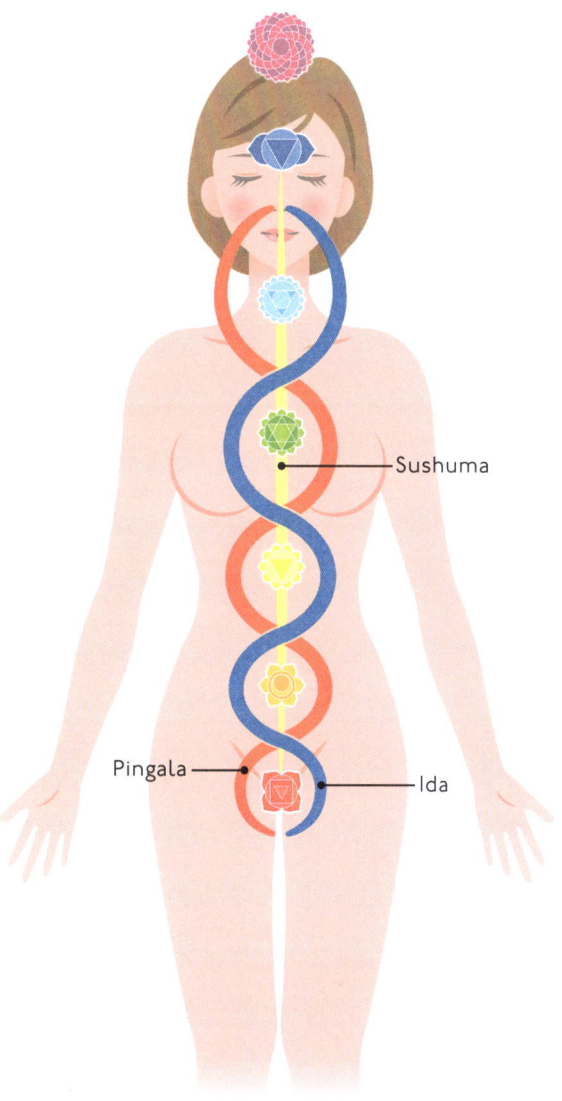

Um die Sache mit der Energie und den Nasenlöchern noch besser erklären zu können, schauen wir noch einmal kurz in die Yogaphilosophie. Die Yogis gehen davon aus, dass es drei Hauptkanäle der Energie in uns gibt: *Ida* und *Pingala* und *Sushuma*.

Übe die Wechselatmung an verschiedenen Orten und fühle die Unterschiede.

Die beiden Ersteren repräsentieren die weibliche und die männliche Urenergie in uns, während Sushuma als der Hauptkanal für unsere Lebensenergie gilt und die Mitte unserer Wirbelsäule durchläuft. Prana (= Lebensenergie) fließt durch diese Kanäle und zudem durch ca. 72.000 *Nadis*, wie die feinen Energiebahnen unseres Körpers im Yoga genannt werden. Unsere Nasenlöcher sind mit Ida oder Pingala verbunden und vielleicht konntest du fühlen, dass der Atem durch das eine Nasenloch dich eher wach und aktiv werden ließ, während das Atmen durch das andere Nasenloch dich eher beruhigt oder gekühlt hat? Die männliche und weibliche Energie wird im Yoga auch *Shiva* und *Shakti* genannt und sie sind, unabhängig von unserem Geschlecht, in jedem von uns vorhanden.

Das weibliche Prinzip, Shakti, steht für die Lebenskraft, die alle Materie mit Leben füllt. Vielleicht konntest du ihre ruhige, zulassende, kühlende Kraft spüren, als du nur dein linkes Nasenloch genutzt und damit mit Ida geatmet hast? Dieser Pol in uns wird mit der Mondenergie verbunden und steht für das weibliche Prinzip.

Shiva hingegen steht für das kosmische Bewusstsein und die Sonnenenergie und erwärmt unseren Körper. Dieser Energie ist das rechte Nasenloch zugeordnet, Pingala. Wir fühlen uns meist wacher und wärmer, wenn wir nur durch unser rechtes Nasenloch atmen. War das bei dir auch so? Im Yoga üben wir, zur Harmonisierung dieser beiden Pole, gern die sogenannte Wechselatmung, die wunderbar beruhigend wirkt. Hierzu wechselst du einfach die Nasenlöcher bei Ein- und Ausatmung munter ab. Du kannst kleine Atempausen einbauen und für eine noch beruhigendere Wirkung länger aus- als einatmen. Achte beim Üben nur darauf, dass du damit beginnst, das rechte Nasenloch zu schließen, und die Atmung abschließt, indem du durch rechts ausatmest.

Neben dem Beruhigen oder Klären deiner Energie kannst du deinen Atem auch nutzen, um deinen Zustand völlig zu verändern. Hierzu kannst du eine etwas stärker wirkende Atemtechnik üben, die es tatsächlich schafft, dich aus deinem Kopf herauszuholen. Wenn wir intensiv atmen, können wir Blockaden oder Emotionen beseitigen und tief in die nachfolgende Stille eintauchen. Teste diese Atemtechnik, die ich von David Elliot[19] übernommen habe:

ÜBUNG 25: POWER-PRANAYAMA FÜR INNEREN FRIEDEN

Diese Atemmeditation ist intensiver; achte daher auf die Signale deines Körpers. Du kannst jederzeit, zum Beispiel bei Unwohlsein oder Sorgen, zurück zu einer normalen, tiefen Atmung finden.

- Stelle deinen Timer auf 10 Minuten und lege dich für diese Übung entspannt auf deinen Rücken. Deine Arme sollten neben dem Körper liegen.

- Atme ein paarmal tief ein und aus.

- Beginne dann, zweimal durch den Mund ein- und dann lang und entspannt durch den Mund auszuatmen. Der Rhythmus ist gelassen. Durch das Atmen über den Mund nimmst du besonders viel Sauerstoff auf, daher werden nach einigen Sekunden oder Minuten deine Finger kribbeln und du wirst vielleicht die frische Energie in deinem Körper fühlen können. Bleib bei diesem Rhythmus. Sollte dein Mund zu trocken werden, dann schließe kurz den Mund, um zu schlucken, und kehre danach zurück zu diesem Atemmuster. Du wirst eventuell bemerken, wie dein Geist versucht, dich abzulenken oder herauszuholen. Versuche präsent zu bleiben und das Muster entspannt und ruhig weiterzuüben.

- Wenn dein Timer klingelt, atme einmal tief ein und aus, lege dir eine Hand auf dein Herz und die andere Hand auf deinen Bauch. Fühle die Energie vibrieren und beobachte dieses Spiel einfach nur.

- Verharre in der Stille und der Energie, solange du magst, bevor du ganz langsam aufstehst.

Mit einer solch intensiven Atemmeditation kann es passieren, dass sich alte Emotionen lösen oder du kurzzeitig ein wenig Angst bekommst. Es ist wie Reinemachen auf energetischer Ebene. Dein Körper wird in einen ungewohnten Zustand gebracht, was dein limbisches System reagieren lässt. Diese Reaktion kann dazu führen, dass die im Moment vorhandenen Emotionen ebenfalls in den Fluss kommen. Bei mir fließen daher manchmal Tränen oder ich werde wütend, ohne dass ich sagen kann warum. Wenn ich dann weiteratme, passiert die Magie: Die Emotion verschwindet einfach wieder. Versuche also weiterzumachen, solange du dich wohlfühlst. Nach der Übung, wenn du liegst, wieder normal atmest und nachspürst, reagiert dein Körper mit einer starken parasympathischen, also entspannenden Handlung. Sie ist der Gegenimpuls zu dem, was vorher geschah. Für einen Augenblick wird hier alles still. Die eigene Energie pulsiert und ist viel deutlicher fühlbar. Vielleicht kannst du in dieser Stille fühlen, dass du mehr bist als dein Geist oder dein Körper, und deine Seele wird spürbar.

Du kannst sogar mit Atemtechniken dafür sorgen, dass dein Körper mehr als sonst aushalten kann. Vielleicht kennst du den als »Iceman« bekannt gewordenen Yogi und Extremsportler Wim Hof[20]? Er schafft es, mit einer einfachen Atemmethode dafür zu sorgen, dass sein Körper ein längeres Bad in eisig kaltem Wasser aushält. Ich würde vielleicht nicht unbedingt die Eiswürfel ins Badezimmer schleppen wollen, bin aber morgens ein großer Fan von kaltem Duschen. Die Technik des Kaltduschens gibt es in den verschiedensten Formen. Im Kundalini Yoga wird sie »Ishnaan« genannt und soll eine heilende Wirkung haben. [21] Durch das kalte Wasser weiten sich die Kapillaren an der Hautoberfläche, was ich immer gut sehen kann, denn meine Haut wird ziemlich rötlich, wenn ich kalt dusche. Dies soll dabei helfen, Schadstoffe aus dem Körper auszuschwemmen. Es fühlt sich fabelhaft an.

Mit Übungen wie diesen kannst du gezielt deine innere Energie steuern und so auch deinen geistigen Zustand beeinflussen. Umgekehrt gibt dir dein Atem und die Energie, die du fühlen kannst, wichtige Informationen. Du kannst also beginnen, deinen Atem zu beobachten, denn er verrät dir so einiges. Ich betrachte in Coachings beispielsweise sehr gern den Atem. Wann hält eine Klientin die Luft an? Welche Gedankenspiele lassen den Atem schneller werden? Welche sorgen für Entspannung? Diese kleinen, kaum wahrnehmbaren Signale geben mir eine Idee davon, wo Stress oder Sorgen warten und welche Themen gut zu tun scheinen.

Du selbst kannst das bei dir auch nutzen: Beobachte einfach über den Tag, wie du atmest. Wann atmest du ruhig und entspannt in Bauch- und Brustraum? Welche Sätze oder Situationen rauben dir buchstäblich den Atem? Wann beginnst du schneller zu atmen, und das, ohne dass du dich tatsächlich mehr bewegst? Viele unserer kleineren Stressmuster und Automatismen nehmen wir nicht bewusst wahr. Solange etwas unbewusst ist, können wir es jedoch schwerlich verändern. Betrachten wir jedoch unseren Atem als weiteres Indiz für unser Wohlbefinden und unsere Entspanntheit, finden wir neue Impulse, uns von hinderlichen Mustern zu befreien.

DEIN ATEM IST DEIN BESTES MESSINSTRUMENT

Ich kann dich nur dazu ermutigen, deinen Atem in den nächsten Tagen einmal probeweise alle paar Stunden zu checken. Fühle morgens, wie tief dein Atem ist, wenn dein Geist ruhig ist und du meditierst. Dann spüre über den Tag hinein

und beginne dieses innere Messinstrument zu nutzen:
- Beobachte einfach nur, wann was ist.
- Wie entspannt ist dein Atem, wenn du mit welcher Person sprichst?
- Wie atmest du im Beruf? Wie in deiner Freizeit?
- Wann hältst du automatisch die Luft an?

Du wirst so herausfinden können, welche Situationen oder Menschen dich anspannen und welche nicht. Sobald du ein Muster erkannt hast, kannst du beginnen, die innere Botschaft zu entschlüsseln, und die Anspannung abbauen. Das ist das Ziel. Auf unserem eigenen Glücksplaneten wollen wir voller Freude, Energie und innerem Frieden sein. Dein Atem kann dir helfen, noch unbekannte Stress- und Anspannungsmuster zu erkennen.

> *Dein Atem ist Steuerungs- und Messinstrument gleichermaßen. Du kannst ihn nutzen, um deine Energie zu lenken, und du kannst über deinen Atem herausfinden, wie es dir geht.*

Wenn du bemerkst, dass du dich bei bestimmten Menschen oder an bestimmten Orten automatisch entspannst, also tiefer atmest und ein Gefühl innerer Ruhe entwickelst, freu dich. Wir alle haben unsere kleinen Inseln und es ist wichtig, dass uns klar wird, wo diese sind. Du kannst solche Momente mit den Übungen aus dem ersten Teil verlängern oder sogar ankern und so dafür sorgen, dass der Fokus auf diesem Glück liegt.

Wenn du bemerkst, dass dich Situationen, Menschen oder Orte in Anspannung versetzen, dann kannst du diesen Impuls nutzen, um auf verschiedenen Ebenen für eine Aufklärung zu sorgen. Nutze die Übungen aus dem ersten Teil, um die Anspannung loszulassen, die eventuell dahintersteckenden alten »Bären« aufzuräumen oder auch deine eigenen Gedanken und Glaubenssätze zu bearbeiten. Anspannung ist nicht per se schlecht. Sie macht uns auch leistungsfähiger und wacher. Eine kleine Dosis ist daher durchaus wünschenswert, doch wie sagt man so schön: Die Dosis macht das Gift. Du solltest daher zuerst einmal ein Gefühl dafür bekommen, wann du angespannt bist.

Im zweiten Schritt kannst du dich dann fragen: Tut das hier gut? Wenn ja, dann ändere nichts. Falls doch, dann beginne etwas zu verändern. Eine gute Idee ist es, die Intervention an der Stärke der Anspannung auszurichten. Solltest du einen flacheren Atem und leichte innere Anspannung bemerken, bevor du in einen wichtigen Termin gehst, kannst du dich mit bewussten, tiefen Atemzügen zurück in einen relaxteren Zustand bringen.

Solltest du dich dabei erwischen, die Luft anzuhalten, ist dies auch ein Zeichen für Anspannung. Ich hatte das früher stark bei Komplimenten. Mir war irgendwie unwohl dabei, wenn jemand mich über den grünen Klee gelobt hat, und automatisch habe ich die Luft angehalten. Das Kompliment wollte ich einfach nicht einatmen. In meiner Coachingausbildung habe ich später gelernt, dass dieses Nicht-einatmen-Wollen häufig für einen inneren Widerstand zur Aussage steht.

Wann immer du dich dabei ertappst, dass du die Luft anhältst, frage dich: Was ist hier gerade los? Sollte dir das in Gesprächen passieren, fühle einmal hinein, welche Aussage in dir auf Widerstand trifft. Auch hier steht es dir frei, weiter mit deiner neuen Erkenntnis zu arbeiten oder die Lage mit einem tiefen Atemzug innerlich zu verändern.

Düfte beeinflussen unsere Energie unmittelbar.

Die Kraft der Düfte

Sobald wir durch die Nase einatmen, riechen wir. Unser Geruchssinn ist bestens mit unserem limbischen System verbunden, weshalb Gerüche Emotionen auslösen können. Wir haben eine Vielzahl gespeicherter Gerüche, die uns entweder an gemütliche Stunden erinnern oder an Gefahren der Vergangenheit. Unsere Energie beeinflusst das sofort. Riechen wir beispielsweise den Geruch eines Krankenhauses, nach irgendeinem unschönen Aufenthalt dort, reagiert unser System sofort mit latenter Anspannung und Stress. Duftet der Lieblingskuchen aus der Küche, läuft uns buchstäblich das Wasser im Mund zusammen und wir entspannen. Es ist daher nur naheliegend, das Einatmen von Düften bewusst zu nutzen. Die Inhalation ätherischer Öle wirkt allerdings auf weiteren Ebenen, denn gleichzeitig atmen wir die konzentrierten Pflanzenstoffe der ätherischen Öle in unsere Lunge ein. Diese winzig kleinen Partikel gelangen so in unseren Blutkreislauf, wo die Kraft der jeweiligen Pflanze weiterwirken kann.

Ätherische Öle für deine Energie

Ich arbeite erst seit einigen Monaten mit ätherischen Ölen und hatte diese kleinen Fläschchen vorher lange belächelt. Mittlerweile mag ich sie mir nicht mehr wegdenken und nutze sie täglich für mein Energie- und Emotionsmanagement. Ätherische Öle sind 100 % natürliche Duftstoffe (bitte achte unbedingt auf Bioqualität und

100 % naturreine, auf Pestizide geprüfte Öle), die über aufwendige Verfahren, wie zum Beispiel Dampfdestillation, aus Pflanzenteilen gewonnen werden. Du kannst sie einfach in deine Atemübungen einbauen.

Bei jeder Art von Stress reagiert, wie du schon weißt, dein limbisches System mit Anspannung. Die Emotion hat eine sofortige Wirkung auf unsere Energie und unseren Körper, der mit einer veränderten Anspannung und diversen inneren Prozessen reagiert. Sobald wir diesen Prozess oder eines seiner Warnsignale bewusst wahrnehmen können, können wir mit einem tiefen Atemzug einen anderen Impuls in unser System geben. Eine tiefe Atmung bedeutet »Keine Gefahr« und unser limbisches System kann beginnen, sich wieder zu entspannen. So können wir uns selbst mit bewusster ruhiger Atmung wieder beruhigen. Der Impuls wird positiv verstärkt, wenn wir jetzt noch einen wohltuenden Geruch für die Einatmung nutzen. Ätherische Öle verstärken die Wirkung von Pranayama und beschleunigen das Emotionsmanagement.

Schon unsere Vorfahren nutzten die natürlichen Heil- und Regenerationsmittel aus der Natur. Du kannst also beginnen, bewusst auf Düfte zu achten, und schauen, wie sie auf dich wirken. Deine Intuition wird dir zeigen, was gut für dich ist. Hier ein paar Tipps für dich, wenn du ätherische Öle für dein Energiemanagement nutzen willst:

- Bei Aufregung oder Unruhe: Zedernholz, Sandelholz oder Lavendel schenken Sicherheiten, wirken erdend und entspannend.
- An düsteren Tagen: Bergamotte, Orangenöl oder Neroli schenken Licht und Optimismus und geben Kraft für Herausforderungen.
- Für mehr Klarheit und einen kühlen Kopf: Pfefferminzöl oder Rosmarin sorgen häufig für eine frische Brise.
- Für mehr Leidenschaft, Spielsinn und Sinnlichkeit: Jasmin, Magnolie und Ylang Ylang
- Für Meditationen: Rose oder Sandelholz schaffen eine gute Verbindung zu unserem wahren Selbst und unterstützen unseren spirituellen Weg.

Tipp: Gebe vor deiner Meditation einen Tropfen Öl, verdünnt mit einem Trägeröl (zum Beispiel Sesamöl) auf deine Handfläche, reibe die Hände aneinander und atme aus deinen Handflächen 3 Mal ein. Schließe deine Augen und starte deine Meditationspraxis – es fühlt sich so gut an.

Letztlich sind die Nutzungsmöglichkeiten von ätherischen Ölen ziemlich unbegrenzt und es gibt ganze Bücher nur zu diesem Thema. Also beginne tiefer einzusteigen, wenn es sich für dich richtig anfühlt.

ENERGIE IM KÖRPER – DIE BEDEUTUNG DER CHAKREN

Um das Thema Energie ganzheitlich anzugehen, dürfen die Chakren nicht fehlen. Die Yogatradition lehrt, dass diese energetischen Zentren entscheidend sind für den Fluss der Energie in uns, aber auch für die Klärung emotionaler Themen bis hin zum yogischen Weg des Einsseins und der Erleuchtung. Körper, Geist und Seele bilden eine untrennbare Einheit und wir können viele wertvolle Informationen aus der Chakrenlehre für unseren individuellen Weg gewinnen. Damit das klappt, lass uns eine kleine Bestandsaufnahme machen:

- Atme tief und nimm wahr, wie positiv oder negativ deine Energie gerade ist.
- Hast du das Gefühl, sie kann frei durch deinen Körper fließen?
- Gibt es bestimmte Körperstellen oder Beschwerden, die dir gerade Sorgen bereiten?
- … Wo du Enge fühlst oder Blockaden?
- Wo fließt die Energie besonders frei?

- Hat dein Körper generell so etwas wie eine »Schwachstelle«? Wofür bist du anfällig?

Meine Schwachstellen waren in meiner Kindheit meine Ohren, später mein Nacken. Irgendwann wurde dieser so schmerzhaft, dass eine Operation im Raum stand. Ich war sehr verzweifelt damals. Über ein Jahr Schmerz- und Physiotherapie lagen hinter mir und das MRT ergab eine Fehlstellung im oberen Wirbelbereich. Trotz Yoga und all den kleinen und größeren Hilfsmitteln hatte ich immer wieder starke Schmerzen. Eine Freundin erzählte mir in dieser Zeit von einer Energieheilerin und ich griff nach dem Strohhalm, auch wenn ich nicht an die Wirksamkeit glauben wollte. Was sollte schon passieren, nur mit Energie? Nun, um es kurz zu machen: Es passierte einiges.

Die Behandlung stellte meinen ersten Kontakt zu der Lehre der Chakren her. Ich erfuhr, was meinen Nacken schmerzen ließ, wie dies zu meiner persönlichen Geschichte passte, und bekam eine klare Empfehlung, was nun zu tun war. Ich verließ den Raum schmerzfrei, hielt mich an die Übungen und Gedanken und bin es noch immer. Diese Geschichte bedeutet natürlich nicht, dass jede Erkrankung mit Energie geheilt werden kann oder vielleicht nicht nur. Jedoch bin ich mir heute sicher, dass sich durch Krankheiten in uns energetische und emotionale Themen manifestieren.

Alte Traumata und unbewusste Erlebnisse können unsere Energie blockieren und so ein Herd für Krankheiten und Beschwerden werden. Spüre beim Lesen der Informationen zu den einzelnen Chakren in dich hinein, ob deine gerade festgestellten Themen und möglichen körperlichen Beschwerden oder Empfindlichkeiten zum jeweiligen Chakra passen. So bekommst du wichtige Informationen, die deine Heilung unterstützen könnten.

Die sieben Hauptchakren

In unserem Körper fließt Energie durch ca. 72.000 Nadis (Energiekanäle). Durch sie werden alle Organe und Zellen mit Prana, also Lebenskraft, versorgt. Unsere Gedanken und Emotionen, unsere körperlichen Angewohnheiten und Anlagen sorgen entweder für mehr oder weniger Energie. Alte Erlebnisse, zum Beispiel alte Bären, haben jede Menge automatische Programme in uns erstellt, die unser Verhalten immer wieder bestimmen wollen.

Die Yogaschriften sagen, dass unser Weg ein Weg des Wiederverbindens mit der allumfassenden Liebe und Intelligenz des Universums ist. Samadhi (Erleuchtung) erfahren wir, wenn unsere Energie frei von unserem Wurzelchakra durch alle Energieräder zu unserem Kronenchakra fließt und sich dort mit dem Universum verbindet, während unsere Wurzel mit der Erde verbunden bleibt. Unser Ziel ist daher, die Energie möglichst frei durch unseren Körper fließen zu lassen. Stagniert unsere Energie oder wird sie blockiert, so können wir unglücklich werden oder körperliche Beschwerden entwickeln.

Emotional kann sich eine Blockade als Exzess des vorherrschenden Chakrathemas zeigen oder als Defizit. Alle Chakren sind miteinander verbunden und können nicht isoliert betrachtet werden, auch wenn wir das gleich tun, so wirken sie doch alle aufeinander. Jedes für sich steht für bestimmte Bereiche unseres Körpers, sodass wir unsere Beschwerden einzelnen Chakren und damit zum Beispiel auch emotionalen Themen zuordnen können. Zudem sind jedem Energierad eine bestimmte Farbe, bestimmte Vibrationen, aber auch Lebensthemen und Herausforderungen zugeordnet.

Da jede Zelle unseres Körpers Energie hält, reagiert sie auf Blockaden oder Disbalancen aller Art. Ich finde hier immer Ansatzpunkte für konkrete Veränderungen in meinem Leben oder dem Leben von Klientinnen. Es ist spannend, welche Themen die Chakrenlehre der Körperstelle zuordnet, die bei jemandem immer wieder Probleme macht. Schau selbst, bei welchen Chakren es in dir klingelt und du Impulse für dich mitnehmen kannst.

Das Wurzelchakra

An der Wurzel unserer Wirbelsäule, tief im Lendenwirbelbereich, versorgt das Muladhara Chakra unseren Beckenboden und Dickdarm, unser Knochengerüst und alle vom Steißbein bis zu den Füßen liegenden Körperstellen mit Energie. Das Wurzelchakra verbindet uns mit der Energie der Erde, mit dem Lebenswillen und dem Bedürfnis, unseren Platz in diesem Leben einnehmen zu dürfen. Sicherheit, Vertrauen und unser Gemeinschaftssinn sind hier abgespeichert. Fragen des Wurzelchakras sind:

- Glaube ich an mein Recht, hier zu sein?
- Vertraue ich auf die Kraft des Lebens in mir?
- Bin ich sicher?
- Fühle ich mich geborgen?

Gut tut der Balance des Wurzelchakras:
- Die Farbe Rot
- Gerüche aller Art, denn der Geruchssinn wird diesem Chakra zugeordnet

- Alles, was uns erdet, denn das Element ist die Erde
- Fußmassagen, Spaziergänge, Gartenarbeit
- Ätherische Öle wie zum Beispiel Zedernholz, Balsamtanne, Rosmarin, Zypresse

 Das Sakralchakra

Im unteren Bauch, ca. 1–3 Finger unter unserem Bauchnabel, liegt das Svadhistana Chakra, was eine wunderbare fließende Energie in unsere Geschlechtsorgane, Keimdrüsen, Unterleibsorgane, Nieren, Blase und unseren Beckenraum schickt. Auch der Blutkreislauf wird dem Svadhistana Chakra zugeordnet. Hier ist die Verbindung zu unserem Körper, zur Lust am Leben, zu Genuss und Leichtigkeit. Fließende Kreativität, Begeisterungsfähigkeit, Vitalität und ein Gefühl von Attraktivität liegen hier, das süße Leben sozusagen. Fragen des Sakralchakras sind:

- Kann ich mein Leben genießen?
- Glaube ich an die Leichtigkeit des Seins?
- Fließt meine Kreativität und Lebenslust ungehemmt?

Gutes für das Sakralchakra:
- Die Farbe Orange
- Gut essen, denn der Geschmackssinn gehört hierzu.
- Alles, was unseren inneren Fluss unterstützt, denn das Element ist das Wasser
- Bewusster Genuss: Tanz, Sinnlichkeit, schöne Musik

 Das Nabelchakra

Etwas oberhalb unseres Nabels, im Bereich des Solarplexus, strahlt das Manipura Chakra in die Magengegend und den mittleren Wirbelbereich. Milz, Leber, Gallenblase und Dünndarm werden durch dieses Zentrum mit Energie versorgt. Das vegetative Nervensystem ist ebenfalls dem Nabelchakra zugeordnet. Das Ja zu uns selbst, zu unserem »Ich in diesem Leben« und all die Energie und der Tatendrang, die mit dieser inneren Selbstsicherheit einhergehen, sitzen hier. Fragen dieses Chakras sind:

- Lebe ich mutig aus dem Bauch heraus?
- Glaube ich an meine Kraft?
- Nutze ich meine Energie für das, was mir wichtig ist?
- Bin ich auf gute Art selbstbewusst?

Gutes für das Nabelchakra:
- Die Farbe Gelb
- Schöne Dinge betrachten, denn die Augen gehören zu diesem Chakra
- Alles, was unser inneres Feuer entfacht
- Gefühlsbetonte Musik, Sonnenbaden, ein Lagerfeuer
- Ätherische Öle wie Zitrone, Ingwer oder Kamille

 Das Herzchakra

In der Mitte unseres Brustkorbs, neben unserem organischen Herzen, liegt das Anahata Chakra. Seine Energie beeinflusst das Herz, die Lungen, unseren Kreislauf, unser Blut, die Haut und unsere Hände, Schultern und Arme sowie den oberen Rücken. Ein balanciertes Herzchakra verbindet uns mit unserer Natur aus absichtsloser Liebe und Mitgefühl. Wir können dann uns selbst annehmen, samt unseren Emotionen, wie Trauer und Wut, und die Liebe anderer genießen. Toleranz, Vergebung und Nächstenliebe sind Qualitäten dieses Energiezentrums. Fragen des Herzchakras sind:

- Nehme ich mich an, wie ich bin?
- Fühle ich mich mit anderen verbunden?
- Kann ich lieben, ohne dabei Bedingungen zu stellen?
- Fühle ich Liebe und Mitgefühl?

Was dem Herzchakra guttut:
- Die Farbe Grün oder Rosa

- Alles, was uns Weite im Brustkorb beschert, denn das Element ist die Luft
- Den Tastsinn fördern und fordern, schöne Stoffe, alles Weiche
- Sich für eine gute Sache einsetzen hilft hier, die Schönheit des eigenen Lebens oder der Natur genießen, anderen gute Wünsche schicken
- Ätherische Öle wie zum Beispiel Lavendel, Majoran und Rose

 Das Halschakra

Im Hals, da wo Kehlkopf und Halswirbelsäule nah beieinanderliegen, sitzt das Vishuddda Chakra. Kiefer, Kehlkopf, Speiseröhre, Nacken sowie unsere Atmung, Stimme und Gehör werden von diesem Chakra mit Energie versorgt. Ist dieses Chakra in Balance, so haben wir ein gutes Wahrheitsbewusstsein und können uns ausdrücken. Wir sind ebenso in der Lage zuzuhören und unser wahres Selbst kann sich über Worte und Stimme zeigen. Fragen dieses Chakras sind:
- Spreche ich aufrichtig meine Wahrheit?
- Höre ich zu?
- Verschaffe ich mir Gehör?

Dem Halschakra tut gut:
- Die Farbe Blau, insbesondere ein frisches Blau, das uns an Meer oder gute Luft erinnert
- Stille und bewusstes Hören, denn der Hörsinn ist hier zugeordnet
- Das Element Äther
- Das bewusste Zeigen im Raum, vor Menschen, vor uns selbst
- Tagebuchschreiben, singen, tönen
- Ätherische Öle wie Pfefferminz, Lavendel und Eukalyptus

 Das Stirnchakra

Den Ort des Ajna Chakra kennen viele von uns bereits, man nennt ihn auch das dritte Auge und meint damit den Punkt zwischen den Augenbrauen auf unserer Stirn. Zu diesem Energiezentrum gehört unser Kleinhirn unsere Augen, die Nase, die Nebenhöhlen und das Hormon- und Nervensystem. Der Punkt ist ganz besonders, denn hier vereinen sich die Energiekanäle Ida und Pingala. Energetisch steht dieses Zentrum in unserem Körper für unsere Intuition und unsere Weisheit. Ist das Ajna Chakra ausbalanciert, haben wir guten Zugang zu unserem eigenen Wissen, und gleichzeitig ist uns klar, dass es noch mehr gibt. Wir finden einen Weg, uns mit einem höheren Bewusstsein zu verbinden und Fantasie zu entwickeln. Erkenntnisse, über das Offensichtliche hinaus, werden möglich. Die schöpferische Energie in uns wird durch diese Verbundenheit mit unserem wahren Selbst noch einmal anders befeuert und so finden wir unseren Ausdruck in der Welt. Fragen dieses Chakras sind:
- Kann ich glauben, dass es eine Dimension hinter dem Offensichtlichen gibt?
- Fühle ich mich mit meiner Intuition verbunden?
- Finde ich Sinn in meinem Leben?
- Habe ich Fantasie?

Wunderbar für das Ajna Chakra:
- Die Farbe unkelblau, Dunkellila
- Die Intuition, den 7. Sinn, schärfen
- Eine Meditation, bei der das 3. Auge innerlich fokussiert wird
- Träume, Karten ziehen, philosophische Texte lesen
- Öle wie Weihrauch, Sandelholz und Lavendel

 Das Kronenchakra

Als sich vor einigen Jahren bei meiner Meditation immer häufiger ein Prickeln auf meinem Scheitel einstellte, war ich erstmal gehörig irritiert, dabei ist es nur natürlich, den Strom der

Energie zu fühlen. Während uns unser Wurzelchakra mit der durch uns strömenden Kraft der Erde verbindet, verbindet uns unser Kronenchakra mit dem Universum über uns. Das Chakra liegt streng genommen einige Zentimeter über dem Scheitelpunkt und seine Energie wirkt vornehmlich auf unser Mittelhirn, unsere Augen und auf unseren gesamten Organismus. Dieses Chakra bringt ein tiefes Bewusstsein über das Einssein aller Dinge. Das wahre Selbst, die Seele, die diesen Körper navigiert, ist die Ebene dieses Chakras. Ist es harmonisch, fühlen wir, wie die Dualitäten von Richtig und Falsch, Gut und Böse sich auflösen und wir tiefen Frieden erlangen. Hier können wir fühlen, dass wir eins mit allem sind, auch mit dem Göttlichen. Fragen dieses Chakras sind:

- Fühle ich mich mit einer größeren Kraft verbunden?
- Kann ich fühlen, dass ich mehr bin?

Dem Kronenchakra tut gut:
- Weiß und alles Helle
- Wanderungen in den Bergen, Blick auf eine weite Landschaft
- Meditation und innere Stille, Gebet
- Ätherische Öle wie Weihrauch und Rose

Die Energie in uns fließt immer, in uns und zu uns. Eine wunderbare Meditation ist es, sich aller Chakren bewusst zu werden. Hierfür beginnst du mit deinem Wurzelchakra und visualisierst, von unten nach oben, jedes Chakra in seiner zugeordneten Farbe innerlich strahlend. Je öfter du diese Meditation übst, umso feiner wirst du fühlen können, wo dir die Verbindung zu dem betreffenden Energierad leichtfällt und wo sie schwerer zu finden ist. Das mag eine Momentaufnahme sein, kann dir aber auch wertvolle Informationen geben. Diese Informationen kannst du dann auf energetischer Ebene bearbeiten, die etwaigen damit verbundenen emotionalen Themen jedoch auch mit den Techniken aus dem ersten Teil. Du wirst merken, wie du immer subtiler und feiner werden kannst. Die Energiezentren in deinem Körper, von denen es weit mehr als nur sieben gibt, wirken wie Räder. Die Energie fließt durch sie hindurch und sie verteilen diese in unserem Körper. Es tut daher gut, mit den Chakren zu arbeiten, um voller Harmonie und innerem Frieden durchs Leben zu gehen.

NUTZE DEINE ENERGIE

Vielleicht bemerkst du immer mehr, dass es eigentlich egal ist, welche Brücke du wählst, um auf deinen inneren Glücksplaneten zu gelangen. Sie führen alle dorthin. Gleichzeitig ist es auch wichtig, immer wieder zu erkennen, wann wir uns von unserem Planeten entfernen, was uns aus der Ruhe und aus der Mitte bringt oder wo eine Blockade vorliegt, und genau dafür einen Werkzeugkoffer parat zu haben. Einen Koffer, vollgepackt mit kleinen und größeren Methoden und Übungen, die deinen Zustand ändern. Etwas, das dich aufatmen lässt und dir hilft, einen klaren Kopf und ein weites Herz zu behalten, wenn es einmal schwierig werden sollte. Es ist deine Aufgabe, die Methoden zu finden, die dir guttun können. Beginne, deine Energie für dich zu nutzen. Ehre sie wie einen wertvollen Schatz, denn das ist sie. Sie wirkt auf deinen Körper und auf deine Gedanken und ermöglicht dir tiefen Frieden. Dein Atem ist eine wichtige Brücke. Er gibt dir Aufschluss darüber, was los ist, und ist gleichzeitig bewusst steuerbar. Wie ein inneres Lenkrad, an dem du drehen kannst. Atme tiefer und bewusster, versorge dich und deinen Körper mit Sauerstoff. Deine Energie kann dich in Windeseile auf deinen Glücksplaneten bringen. Was du noch für deinen Körper tun kannst, schauen wir uns im nächsten Kapitel an.

7. Wo deine Seele wohnt

Nachdem du nun eine Menge Möglichkeiten bekommen hast, direkt auf deine Energie und dein Energiefeld Einfluss zu nehmen oder seine Botschaften zu entschlüsseln, lass uns jetzt schauen, was du für deine körperliche Hülle tun kannst.

Unser physisches Wohlbefinden hat erheblichen Einfluss auf unsere Stimmung, unsere Gedanken und unsere Energie. Das beste Beispiel ist, wenn ich krank bin. Ich kann dann quasi an nichts anderes mehr denken. Meine ganze Aufmerksamkeit dreht sich um meine Beschwerden und innerer Frieden scheint weit entfernt. In diesem Kapitel konzentrieren wir uns daher auf jede Menge präventive Maßnahmen, die du ausprobieren und in deinen Alltag integrieren kannst. Ich teile mit dir, wie du für deinen Körper sorgen kannst und welche Regeln deinen Weg zum inneren Glücksplaneten unterstützen können. Es gibt die bekannte lateinische Redewendung »Mens sana in corpore sano«, was übersetzt so viel heißt wie »Ein gesunder Geist wohnt in einem gesunden Körper«. Und ja, das stimmt. Ein gesunder Körper macht es uns leichter, einen inneren Raum des Friedens zu finden und unsere Seele fühlen zu können.

LIEBE DICH VON GANZEM HERZEN
Wann tust du etwas für deinen Körper, gehst zum Sport oder beginnst dich gesünder zu ernähren? Denke einen Moment nach und lies dann erst weiter. Ich habe lange Zeit mit viel Anstrengung alles Mögliche unternommen, um mich in meinem Körper gut zu fühlen, und habe mich ziemlich angestrengt. Mürrische Anstrengung resultiert häufig aus verzweifelten Selbstoptimierungsversuchen. Ich weiß, wovon ich spreche. Wir alle sind einem gleichgeschalteten Schönheitsideal in den Medien ausgeliefert. Die weichgezeichneten, photogeshopten Figuren und Gesichter begegnen uns überall und der Kontrast zum schlecht ausgeleuchteten Spiegelbild kann selbst robuste Charaktere verunsichern. Wir mögen, was wir häufig sehen. Es scheint uns normal und irgendwann mag es ernüchternd sein, wenn man nie aussieht wie das Ideal im eigenen Kopf. Als ich noch ein junges Mädchen war, habe ich mir lange wenig Gedanken über mein Aussehen gemacht. Ich bewunderte zwar still die gestylten Mädchen der höheren Jahrgänge, sah mich aber nie wirklich in ihre Fußstapfen treten. Ich fühlte mich, alles in allem, ganz wohl in meiner Haut. Das Leben schien so viel andere spannende Aspekte zu haben. Das änderte sich abrupt, als ich aus Amerika zurückkam. Mit 16 Jahren durfte ich für ein halbes Jahr einen Schüleraustausch in Seattle erleben. Zwischen Hin- und Rückflug nahm ich fast 10 Kilogramm zu.

Richtig bewusst wurde mir das erst, als ich in meine Schule in Deutschland zurückkehrte: Viele meiner Klassenkameraden machten eine fröhliche Bemerkung zu meiner veränderten Figur. Ich begann mich schlecht zu fühlen. Ich überspielte meine Unsicherheit im Alltag gut, sah mich selbst aber fortan anders. Auf jedem Foto schien ich mir zu rund und auch die typische 90er-Jahre-Dauerwelle machte es nicht wirklich besser. Wenn ich diese Bilder heute betrachte, denke ich, dass ich normal aussehe, die Frisur einmal vorsichtig ausgeklammert. Um endlich zufrieden sein zu können, begann ich mich anzu-

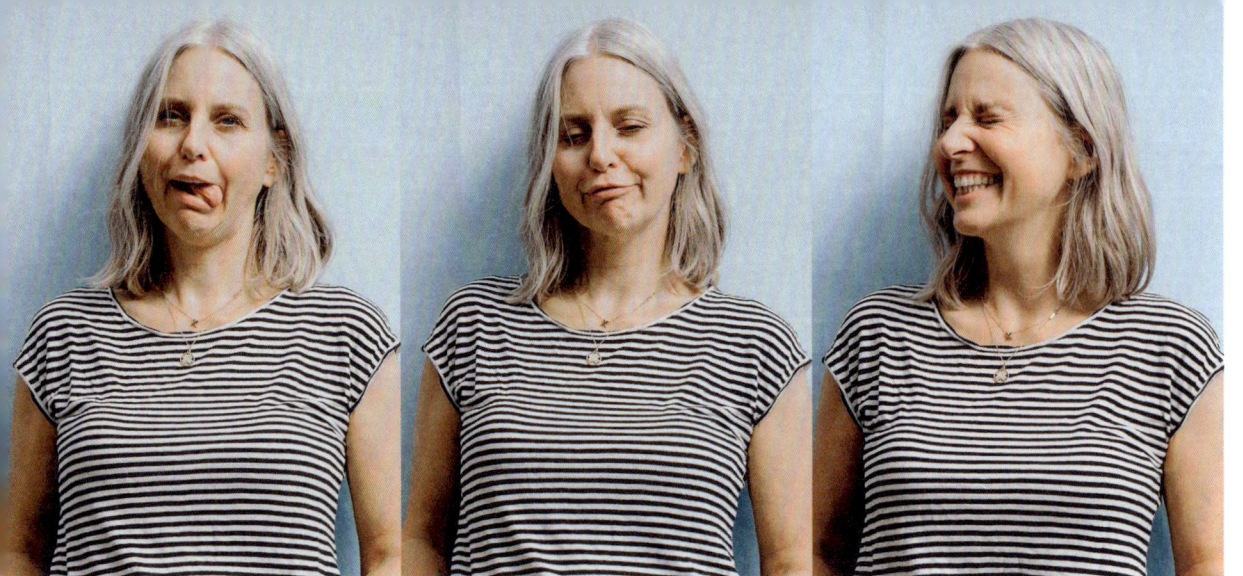

Selbstliebe ist auch, über sich selbst voll Freundlichkeit lachen zu können.

strengen, machte Diäten und Sport. Das klappte mal besser, mal schlechter. Mein Selbstbewusstsein bewegte sich synchron zu meinem Gewicht. Sobald meine Figur sich ein wenig verschlankte, lebte ich in der Angst, zuzunehmen. Alles in allem war das eine stressige Sache, die mich lange begleitet und den Spaß an der Selbstfürsorge geklaut hat.

Manchmal sind es aber auch andere Themen, an denen unsere Selbstliebe scheitert. Wenn unser Körper nicht so funktioniert, wie wir es wollen. Das kann beispielsweise der Fall sein, wenn die erhoffte Schwangerschaft ausbleibt. Solange wir unseren Körper als Sache mit Mängeln betrachten, so lange handeln wir aus Angst. Anstrengung, das Gefühl, ungenügend zu sein, und Selbstkritik haben ihren Ursprung in dieser Angst. Häufig steckt hinter all dem die Sorge, nicht liebenswert oder gut genug zu sein. Sie legt einen Schatten auf alles, was wir tun. Ein typisches Zeichen ist, dass wir unseren »Schweinehund« überwinden müssen. Den Kontrast zu dieser Art Körperbeziehung ist die Liebe. Wenn wir etwas aus Liebe tun, tun wir es meist gern. Liebe hat eine Qualität von Weite und Freude, sie ist unsere Natur. Angst hingegen fühlt sich nach Enge an.

Es macht einen immensen Unterschied, ob du deinen Körper in allen Aspekten liebst oder als mangelhaft betrachtest. Mangel führt zu Anstrengung und dem Versuch zu kompensieren, Liebe führt zu Leichtigkeit und entspanntem Fluss.

Um deinen Körper zu ehren, darfst du lernen, ihn von Herzen zu lieben, und zwar sofort. Vergisst du diesen Schritt, kann selbst deine Yogapraxis zur Selbstoptimierung verkommen. Vermeide alle »Wenn ich erst x Kilo wiege« oder »Wenn ich erst mehr trainiert habe«. Ein solches Denken ist Gift für dich. Dein Körper ist das Haus deiner Seele und kein Selbstoptimierungsprojekt. Höre auf, dich zu wiegen, und beziehe deinen Körper in deine tägliche Dankbarkeitspraxis mit ein. Du magst es, wie ich, gewohnt sein, dich selbst zu kritisieren, aber du kannst lernen, das zu ändern. Das System, in dem du lebst, trimmt uns alle auf Selbstoptimierung. In der Schule werden die Fehler angekreuzt, nicht die besonders tollen Formulierungen. Lass nicht zu, dass das der Alltag bleibt. Du kannst lernen, dich selbst wertzuschätzen, egal was ist. Du kannst

7. WO DEINE SEELE WOHNT

lernen, dich selbst so zu betrachte wie den Körper eines süße kleinen Babys. Wie ein Wunder. Wir alle sind Wunder, egal, wie groß, alt, dick oder dünn wir sind. Dein Körper ist deine Manifestation in dieser Welt. Das verkrampfte Streben und Messen an irgendwelchen Idealen wird nie guttun und schafft nur Unruhe, Zweifel und Traurigkeit in deinem Geist. Das hält dich von deinem inneren Glück ab. Zeit, etwas zu verändern.

ÜBUNG 26: DIE SPIEGELÜBUNG

- Diese Übung konfrontiert dich mit deiner Einstellung zu deinem eigenen Körper. Wenn du sie nackt übst, ist sie am intensivsten, du kannst aber auch angezogen oder in Unterwäsche beginnen. Stelle dich vor einen möglichst großen Spiegel und betrachte deinen Körper.

- Atme tief und beobachte einfach, wohin dein Blick wandert und was die Stimme in deinem Kopf dir sagt. Höre die inneren Kommentare oder auch Beurteilungen. Höre deinen Kopf den Mangel finden. Atme weiter. Nimm wahr, wo dein Blick immer wieder hinfällt. Bemerke auch mögliche körperliche Angewohnheiten, wie das Einziehen des Bauches.

- Schließe die Augen und atme tief. Vergiss, was du sehen willst, sondern denke einen Augenblick an alles, was dein Körper kann und was du liebst zu tun. Denke an einen Tanz oder das Rennen über eine Wiese, denke an Spaziergänge oder eine feste Umarmung, die du jemandem schenken kannst.

- Lege dir beide Hände übereinander auf dein Herz und atme weiter. Denke: »Ich liebe, dass ich bin. Dieser Körper ist mein Haus. Ich entscheide ihn zu lieben.« Höre deinen Herzschlag, fühle deine Haut. Dein Körper ist ein Wunder.

- Wann immer du bereit bist, öffne die Augen und betrachte dich erneut. Streiche über alle Flächen und bedanke dich. Bedanke dich bei deinen Füßen fürs Gehen, deinen Oberschenkeln und Waden. Bei Bauch, Armen, Rücken und allen Organen. Bedanke dich bei allem, was dir einfällt. Zuletzt lege dir die Hände aufs Gesicht und streiche dir selbst über die Haut. Blicke dir in die Augen. Entscheide zu lieben, wer du bist. Von ganzem Herzen.

Die Selbstliebe kommt meist nicht über Nacht und du kannst die üben, sooft du magst. Gerade wenn sie dir schwergefallen sein sollte, versuche täglich zu üben. Zusätzlich kann ich dir empfehlen, eine der Techniken aus dem ersten Teil rund um die Bearbeitung negativer Gefühle zu nutzen. Mir hat das sehr geholfen. Ich habe irgendwann entschieden, meinen Körper mit Dankbarkeit zu sehen. Dankbarkeit hilft immer. Wenn das schwierig sein sollte, kann ich dir die Musik der Wingwave® App[22] empfehlen.

Die App ist kostenlos und es gibt auch ein kostenloses Musikstück. Die Musik wurde von den Gründern der Wingwave Coachingmethode[23] entwickelt und nutzt die sogenannte bilaterale Hemisphären-Stimulanz, die unser Nervensystem beruhigt und laut Studien eine »optimale Mentalschwingung«[24] erzielt. Verständlicher ausgedrückt: Die Musikstücke spielen abwechselnd einen Ton in jedes Ohr, man muss sie also unbedingt mit Stereokopfhörern hören. Wann immer du ein Geräusch nahe einem deiner Ohren hörst, machen deine Augen eine kleine Bewegung zu der Geräuschquelle. Dieser Instinkt ist angeboren. Daher bewegen sich die Augen durch die Musik kaum merklich ein wenig nach rechts und links. Dies ist die gleiche Bewegung, die sie auch in deinen Tiefschlafphasen machen, den sogenannten REM-Phasen. Forscher haben herausgefunden, dass Menschen in diesen Phasen einen Großteil ihrer Erlebnisse verarbeiten. Diese natürliche und normale Verarbeitung gerät bei stark emotionalen Erfahrungen manchmal ins Stocken. Hier kann die Musik tatsächlich helfen und die Verarbeitung negativer Gefühle in Gang bringen. Solltest du ein sehr kritisches Selbstbild haben, stelle dich mit Kopfhörern und der Musik vor einen Spiegel und mache die Übung mit der Musik. Schon nach kurzer Zeit beginnt das Unwohlsein zu schwinden. Die gelernte Verbindung Spiegelbild = negative Gefühle wird schwächer und macht Platz für eine neue Kombination. Als ich die Wingwave-Coachingausbildung absolviert habe, war das eine der Übungen, die wir machen sollten, und die Wirkung war enorm. Ich sah mich im Spiegel und konnte nicht kritisch bleiben. Solltest du jedoch noch ernstere Probleme haben, mag es an der Zeit sein, sich professionelle Hilfe zu holen. Hinten im Anhang findest du mögliche Anlaufstellen. Scheue nicht, dir Hilfe zu holen.

Arbeiten mit Affirmationen

Und da wir schon bei Spiegeln sind, können wir eigentlich gleich mit Affirmationen weitermachen. Diese Technik habe ich zum ersten Mal in den Büchern von Louise L. Hay[25] gefunden. Sie ist eine gute Möglichkeit, mit der wir uns selbst langsam umprogrammieren können. Affirmationen sind positive Glaubenssätze. Es gibt unterschiedliche Arten, sie zu formulieren und mit ihnen zu arbeiten. Bei mir klappen sehr enthusiastische Affirmationen wie »Ich bin super. Mein Leben ist ein Traum« nur selten, da ich an den Inhalt, gerade an nicht so tollen Tagen, selbst nicht ganz glauben kann. Im Gegenteil, sie erinnern mich manchmal an das, was ich eben noch nicht habe, mir aber wünsche.

Viel besser funktioniert bei mir, einfache Sätze zu nutzen, die ich glauben kann. Das ist ein wichtiges Kriterium. Ich übe am liebsten morgens und sage sie mir, wenn ich in den Spiegel schaue. Du selbst wählst deine eigenen Affirmationen. Finde Sätze, die du gern öfter hören würdest. Solche, die dir guttun und dich an das erinnern, was du schon weißt, aber manchmal im Trubel wieder vergisst. Zum Thema Körper könnte das etwas sein wie »Ich bin gesund« oder »Ich vertraue meinem Körper« . Natürlich kannst du auch Affirmationen bei allen möglichen anderen

Themen nutzen. Meine persönlichen Lieblingsaffirmationen findest du bereits als Extrafolge in meinem Podcast[26]. Hier meine aktuellen Favoriten:
- Ich bin sicher.
- Ich lasse mein Licht strahlen.
- Das Leben meint es gut mit mir.
- Alles, was ich brauche, kommt zur rechten Zeit in der richtigen Reihenfolge.

Auch wenn es sich anfangs vielleicht schräg anfühlt, vertraue mir. Die Botschaften sickern irgendwann in deinen Kopf und in dein Herz und bilden dort eine neue Wahrheit. Es ist ein bisschen wie eine Pflanze, die du hegst und pflegst.

> *Sage dir selbst das, was du manchmal hören musst, um Frieden zu finden.*

So schaffst du ein Ritual, um von Angst zu Liebe zu wechseln – Tag für Tag. Es ist wunderbar, wenn du in dir einen Gegenpol zu all den sowieso vorhandenen inneren Zweifeln bekommst.
Wenn wir beginnen, unseren Körper als das Wunder anzunehmen, das er ist, beginnt endlich ein tieferer Dialog. Unser Körper sagt uns nämlich so allerhand. Wenn ich über die verschiedenen Beschwerden in den verschiedensten Phasen meines Lebens nachdenke, muss ich kein Mediziner sein, um die wenig subtilen Botschaften meines Körpers im Nachhinein entschlüsseln zu können. Im Studium beispielsweise hatte ich einen Tinnitus entwickelt. Ich jonglierte mit zu vielen Bällen und würde einmal kühn übersetzen, dass ich die Warnsignale nicht hören wollte. Heute ist es so, dass mein Ohr klingelt, wann immer ich zu viel Hektik oder Terminstress habe. Es pfeift mich quasi aus und erinnert mich daran, dass ich Pausen machen muss. Ein anderes Mal reagierte ich mit heftigsten Magenbeschwerden. Immer wieder musste ich Trainings abbrechen, weil mir übel wurde. Erst als mein Arzt mich fragte, was denn mit diesen Trainings los sei, wurde mir klar, dass ich das Thema scheußlich fand. Alles rebellierte in mir und mein Körper machte dem jedes Mal aufs Neue ein Ende. Spannend, oder? Einen guten Aufschluss über Beschwerden und mögliche Zusammenhänge gibt es im kleinen »Heile deinen Körper«-Büchlein[27] von Frau Hay. Bei Übelkeit wird dort als wahrscheinlicher Grund angegeben: »Angst. Ablehnung einer Idee oder Erfahrung«. Wie treffend.

Unserem Körper aktiv zuzuhören bedeutet, ihm eine Kompetenz zuzusprechen. Wenn wir jedoch gerade damit beschäftigt sind, uns selbst oder der Welt etwas zu beweisen, hören wir nicht hin. Dabei tut Hinhören so gut. Wir können allerdings auch hinschauen, denn auch das liefert einiges an Wissen.

Dein Körper, deine Gefühle
Unser Körper gibt unbewusst eine Vielzahl an Informationen weiter. Zum Beispiel darüber, wie entspannt oder angespannt wir gerade sind. Sind wir angespannt, so kann man meist eines der drei uralten Muster Flucht, Kampf oder Starre. Um zu erkennen, wann du oder andere in einem solchen Muster festhängen, schauen wir sie uns genauer an. Denn in diesen uralten Bewegungsschemata stecken viele Informationen, die wir für einen entspannteren Alltag nutzen können.

1. Kampf: Wer im Kampf ist, macht sich groß. Das Kinn ein wenig gehoben, die Brust wird breiter gemacht. Im Kampfmodus signalisieren wir ein »Komm doch!«. Wir stehen sicher und breitbeinig und stützen vielleicht sogar die Hände

Die Superwoman-Pose geht überall.

energisch in die Taille. Der Gegner wird mit festem Blick fixiert. Wir bauen uns auf, wie man so schön sagt. Diese Pose schenkt uns Kraft und soll Gegner einschüchtern.

2. Flucht: Auf der Flucht sind wir hektisch, sitzen auf der Kante unseres Stuhls oder haben uns schon halb zur Tür gedreht. Unser Blick sucht fahrig den Ausweg und wir fühlen eine innere Unruhe. Alle wichtigen Körperteile werden geschützt. Die Schultern fallen nach vorn, um den Brustraum unzugänglich zu machen, das Kinn ist gesenkt. Bloß keine Angriffsfläche bieten ist die Devise. Diese Pose sorgt dafür, dass wir schnell verschwinden können.

3. Starre: In der Starre frieren wir ein. Meist hängen die Arme jetzt leblos herunter, der Körper macht sich klein. Wir schauen unser Gegenüber nicht an, sondern starren auf den Boden. Am liebsten wären wir unsichtbar.

Diese Programme existieren in jedem von uns und es macht vieles leichter, wenn wir sie entschlüsseln können. Du kannst beginnen, auf Veränderungen in der Körpersprache zu achten. Wann setzt sich jemand auf und macht sich groß? Wer wackelt ungeduldig, bereit zum Sprung? All diese kleinen Beobachtungen können dir wertvolle Informationen schenken. Bis zu 70 % der Gesprächsinhalte vermitteln wir nonverbal.

Vor allem aber bei uns selbst ist all das spannend. Beobachte dich einmal: Bei welcher Gelegenheit erwischst du dich auf der Stuhlkante sitzend, die Schuhspitzen zeigen schon zum Ausgang und du wippst ungeduldig mit der Ferse? Bei wem oder bei welchen Themen baust du dich auf, machst dich groß?

Als Mama reagiere ich beispielsweise schnell mit meinem körperlichen Kampfmuster, wenn es

Fortgeschrittene fliegen einfach direkt los.

um meine Kinder geht. Ich schiebe dann die Schultern nach hinten, mache mich groß und bin sowas von bereit zum Kampf. Manchmal ist es gut zu fühlen, wofür man gerne kämpft und warum. Umgekehrt funktioniert diese Verbindung auch. Jede Körperhaltung hat eine emotionale Wirkung. Es tut gut, sich vor einem wichtigen Meeting groß aufzubauen und zum Beispiel die sogenannte »Superman«- oder besser »Superwoman-Pose« zu üben. Hierzu stellst du dich ganz aufrecht hin und stemmst deine Hände in die Taille. Nimm dann die Ellenbogen leicht nach hinten, sodass sich die Schulterblätter an deinen Rücken schmiegen. Hebe dein Brustbein Richtung Himmel, recke dein Kinn ein wenig nach oben und atme tief. Du solltest mindestens eine Minute so stehen. Die Pose ist bekannt dafür, dass sie Selbstbewusstsein und innere Stärke hervorruft.

Dein Körper reagiert mit alten Bewegungsmustern auf deine Gefühlslage. Das kann dir wichtige Informationen liefern. Umgekehrt kannst du deine Körperhaltung nutzen, um Gefühle hervorzurufen.

Probleme können wir mildern, wenn wir unseren Körper mit ins Boot holen. Mit folgendem Test kannst du in Windeseile deinen Zustand verändern:

- Schau einmal, welche Hand du zum Gestikulieren nutzt, wenn du über eines deiner Probleme sprichst. Wir alle haben eine »Problemseite« und sogar so etwas wie eine »Problemrichtung«. Ich gestikuliere meist mit rechts über meine Sorgen und mache eine Bewegung von mir weg nach unten. Da unser

Körper mit unserem Geist verbunden ist, können wir das nutzen, um schnell und einfach neue Impulse zur Problemlösung oder zur Linderung in unser System zu geben.
- Nun versuche über dein Problem zu sprechen und gleichzeitig mit der anderen Hand die umgekehrte Bewegung zu machen. Ich muss hierbei also mit links nach oben gestikulieren.
- Prüfe, ob du noch genauso gut in dein Problem eintauchen kannst. Kommen neue Ideen? Andere Impulse? Was denkst du, während du auf diese Art über dein Problem sprichst?

Es ist total spannend, wie schlecht man die Schwere der eigenen Probleme noch abrufen kann, wenn man das ausprobiert. Irgendwie wirkt plötzlich alles leichter, und genau das ist der Plan. Unser Körper speichert Körperhaltungen und Gesten passend zu Emotionen. Verändern wir diese gespeicherten Kombinationen eigenmächtig, werden neue Lösungsräume und eine andere Leichtigkeit möglich. Unser Körper ist eine der Brücken zu mehr innerem Frieden und damit zu unserem wahren Selbst. Wir dürfen ihn für die Lösung unserer Probleme nutzen, statt uns nur auf unsere Gedanken zu verlassen.

Mit Liebe in Bewegung

Neben den Botschaften rund um Anspannung und kleine Tricks, um besser Probleme lösen zu können, hat unser Körper auch eine eigene Intelligenz bezüglich der Bewegungen, die er braucht. Ich glaube, jeder Körper will sich ab und an recken und strecken, durch frische Luft laufen und alle Muskeln, Sehnen, Bänder dehnen und bewegen. Unseren ursprünglichen, natürlichen Bewegungsdrang sehen wir bei kleinen Kindern, die irgendwann keine Lust mehr haben, im Kinderwagen durch die Gegend kutschiert zu werden. Diese angeborene Neugier und Lust auf Bewegung, dieser Hunger nach Selbsterfahrung scheinen bei manchen von uns im Trubel des Alltags verloren zu gehen. Manchmal ist es wichtig, auf einem Trampolin zu springen (was extrem gute Laune macht) oder einfach loszurennen. Unser Körper braucht das, sendet Signale.

Wenn ich in Seminaren Menschen frage, wonach sie sich am meisten sehnen, dann sind die Antworten meist: »Mehr Natur, mehr Zeit, mehr Ruhe, mehr Leichtigkeit.« Unser Körper will uns auch hier etwas sagen, er ist das Sprachrohr unserer Seele. Nicht nur über unsere Beschwerden spricht er mit uns, sondern auch über unsere Sehnsüchte. Was also können wir tun, um unserem Drang nach Bewegung nachzukommen?

Dein Körper hat eine natürliche Intelligenz, sich zu bewegen und sich Gutes tun zu wollen. Manchmal darfst du lernen, auf sie zu hören.

Vielleicht magst du einmal kurz innehalten und aufstehen? Atme und schau, nach welcher Bewegung dir intuitiv ist. Bewege dich dann dementsprechend. Schau, welche Signale kommen, und setze sie um. Das ist eventuell anfangs gar nicht so leicht, weil du deine Gewohnheiten hast. Kennst du deinen Körper genau? Weißt du, wann er müde wird und eine Pause braucht?

Ich konnte lange nicht spüren, was mein Körper wirklich braucht. Schon gar nicht tagsüber, wenn ich in Terminen war. Abends spürte ich erst, wie verspannt meine Muskulatur war oder dass ich wieder einmal den ganzen Tag nur Quatsch gegessen hatte. Erst als ich mich zu einer regelmäßigen Bewegungspraxis aus Trampolin, Yoga, Atemübungen und Spaziergängen entschlossen hatte, wurde alles besser.

Körperwahrnehmung braucht Innehalten. Solche kleinen Pausen, in denen wir einchecken und zuhören, was uns wirklich guttut, statt sklavisch dem nächsten Gedanken zu folgen, sind unendlich wichtig. So lernen wir auf unseren Körper zu hören. Unser Körper hat einen eigenen Rhythmus, der an den Rhythmus der Natur angebunden ist. Die Tageszeit und die Jahreszeiten entscheiden mit, was wir brauchen. Wir sind ein natürlicher Teil von all dem. Manchmal sind wir es jedoch so gewohnt, von unserem Körper immer wieder Höchstleistung zu verlangen, dass wir gar nicht mehr hinhören. Dann müssen erst Beschwerden wie chronische Kopfschmerzen, Rückenprobleme oder Magenentzündungen auftauchen, bevor wir uns unserem Körper wieder zuwenden.

Zum inneren Glück gehört, dass du lernst, deinen Körper und seinen Rhythmus zu achten. Sei vorsichtig, wenn du versucht bist, deinen Körper über seine natürliche Grenze zu pushen. Das kann schon der Kaffee am Nachmittag sein, mit dem du das Tief abwenden willst, um weiter fit und leistungsfähig sein zu können. Dein Körper hat es verdient, Pausen zu machen oder im Winter etwas mehr Schlaf zu bekommen. Deine Gesundheit wird stabiler, wenn du mit dem Rhythmus deines Körpers lebst statt gegen ihn.

Glücksfaktor Schlaf

Wo wir schon beim Schlafen sind: Schlafen macht glücklich. Punkt. Jeder, der einmal so richtig ausgeschlafen hat, weiß, wie unglaublich gut sich das anfühlt. Leider schlafen die meisten von uns zu wenig, ich eingeschlossen. Irgendwie habe ich immer ein wenig Angst, etwas zu verpassen. Dann bleibe ich zu lange auf, schaue einen Film oder eine Serie, die mich aufwühlt, oder blicke ewig auf mein Handy. Dabei weiß ich es besser, doch die Verlockungen sind groß. Zwischen sieben und neun Stunden Schlaf braucht ein Erwachsener durchschnittlich. Haben wir ausreichend Schlaf, so sind wir gesünder, ausgeglichener und weniger stressanfällig. Es ist daher unbedingt wichtig, den Schlaf in unser Glücksplanetenprogramm einzubeziehen. Die Theorie kennt jeder, denke ich:

Finde eine gute Routine, bevor du ins Bett gehst. Du solltest dein Schlafzimmer so einrichten, dass du gut und möglichst störungsfrei schlafen kannst, bis dein Wecker klingelt. Wenn ich sieben Stunden schlafen soll, muss ich um 22:30 Uhr selig schlummern, sonst wird das nichts.

Rechne also zurück, wann du spätestens das Licht ausschalten solltest. Im Ayurveda, der Schwesternlehre zum Yoga, sagt man, dass es vor 22 Uhr einfacher sei, in den Schlaf zu finden. Das wusste übrigens schon meine Oma, die mich immer ermahnte: »Der Schlaf vor Mitternacht ist der wertvollste, Kind.« Folgende Tipps haben mir sehr geholfen, mein Schlafverhalten positiv zu verändern, und ich denke, sie können dir auch helfen:

- Versuche mindestens eine Stunde vor dem Zu-Bett-Gehen nicht mehr auf dein Handy oder deinen Bildschirm zu schauen. Das sogenannte »blaue Licht« bremst die natürliche Melatoninproduktion. Melatonin ist unser Schlafhormon, das in einem Prozess aus dem Glückshormon Serotonin gebildet wird. Melatonin sorgt dafür, dass wir müde werden und somit auch für ausreichend Schlaf, damit die so wichtigen körpereigenen Regenerationsprozesse der Nacht auch durchgeführt werden können.
- Iss mindestens zwei, besser drei Stunden vor dem Schlafengehen nichts mehr. Dein Körper regeneriert besser, wenn er nicht gleichzeitig noch mit der Verdauung des Abendessens kämpfen muss.
- Sorge dafür, dass dein Schlafzimmer dunkel, ruhig und möglichst nur zum Schlafen da ist. Den meisten von uns fällt es leichter, wenn wir klare Grenzen zwischen Arbeit, Freizeitspaß und Ruhebereich finden. Hole dir also besser keinen Fernseher ins Schlafzimmer und auch keinen Schreibtisch.
- Finde dein eigenes Einschlafritual. Vielleicht hast du schon ein paar Anregungen bekommen, was du so alles vor dem Schlafen tun könntest, um dich ein wenig runterzufahren? Eine beruhigende Atemübung, wie beispielsweise die Wechselatmung, kann sehr wohltuend sein, oder auch eine kleine Meditation. Ich liebe es, in einem schönen Buch noch ein paar Seiten zu lesen, bevor ich eine Dankbarkeitspraxis anschließe. Danach schlafe ich immer gut und vor allem ohne Groll ein.
- Mein Gutenachtritual beinhaltet außerdem einen vollen Diffuser mit beruhigenden ätherischen Ölen, wie Lavendel oder römische Kamille, eine beruhigende und wärmende Fußmassage mit Sesamöl, und im Herbst und Winter brauche ich noch eine Wärmflasche. Auch das ist gelebte Selbstliebe: sich eine Umgebung schaffen, in der man gut entspannen kann. VielSpaß dabei!

Futter für Körper, Geist und Seele

Dies ist kein Ernährungsratgeber, daher will ich mich zurückhalten, aber zum Thema Körper gehört auch das Thema Ernährung. Bedenke, dass das, was du trinkst und isst, zum Material deiner künftigen Zellen wird. Jeder Raubbau an deinem Körper, sei es durch Drogen wie Zigaretten oder Alkohol oder durch unausgewogene, hochverarbeitete Nahrung, beschädigt auf lange Sicht das Haus deiner Seele. Du merkst, was dir Energie schenkt und dich gesund und strahlend sein lässt. Diese Nahrungsmittel sind meist natürlich und vollwertig. Nach einem Apfel geht es den meisten Menschen besser als nach einem Schokoriegel. Die Umstellung fällt uns allen jedoch nicht immer leicht, denn Werbung und die eigenen Ernährungsgewohnheiten machen einen Strich durch die Rechnung. Etwas suggeriert uns, dass wir mit braunem koffeinhaltigem Zuckerwasser mehr Spaß hätten, als mit klarem, reinem Wasser. An vielen dieser Gewohnheiten hängen Emotionen und auch Erinnerungen. Schau dir das genau an und mache hier nicht Halt. Genau wie bei allen anderen Themen, kannst du ungünstige Glaubenssätze auch hier

Die Natur so natürlich wie möglich lassen – auch beim Essen – ist eine gute Idee.

lösen. Du hast alle Techniken zur Hand. Du selbst wirst wissen, welche Angewohnheiten dir nicht guttun und was du mit ihnen kompensierst. Achte einfach so gut du kannst auf frische, regionale grüne Kost. Viel Gemüse, ein wenig Obst, Vollkorngetreide, ein paar Nüsse und gute Öle. Viel mehr brauchen wir nicht. Sorge dafür, dass Zucker, Koffein und tierische Produkte aus deinem Speiseplan verschwinden oder zumindest heruntergefahren werden. Du wirst merken, wie gut das tut. Ich hatte innerhalb von zwei Wochen, nachdem Fleisch, Fisch und Milchprodukte meine Küche verlassen hatten, so viel mehr Energie. Es war und ist wunderbar. Versorge dich im Zweifel mit ein, zwei hilfreichen Büchern und informiere dich. Vor allem aber: Höre auf deinen Körper. Das ist tricky, denn es geht nicht unbedingt immer um das, worauf du gerade Appetit hast. Dein Appetit kann dir ein echtes Bedürfnis zeigen oder eine Angewohnheit einfordern. Betrachte lieber, wie du dich nach einer Mahlzeit fühlst. Was der Grund für mich war, das Alkoholtrinken vor einiger Zeit erst einmal ganz aufzugeben. Der Morgen nach den ein, zwei Gläsern Rotwein war nie so toll wie der Morgen nach einem nüchternen Abend.

Fühle selbst, was dir guttut. Je feiner deine Antennen werden, umso leichter wird es. Kasteie dich jedoch nicht, auch das kann Stress verursachen. Versuche deinen eigenen Weg zu finden, ohne dass du zu strenge Regeln für dich aufstellst. Auch hier geht es Schritt für Schritt, auf deine Art und in deinem Tempo. Wenn wir alle einen Schritt hin zu einer ursprünglicheren Ernährung gehen, helfen wir nicht nur unserer Gesundheit und Energie, sondern unserem ganzen Planeten.

8. Mache dich auf den Weg

In diesem Kapitel wirst du eine Methode noch etwas näher kennenlernen: Yoga. Doch keine Angst, du musst keinen Kopfstand machen. Es gibt unzählige Möglichkeiten, Yoga zu praktizieren. Sie alle drehen unser Gesicht zur Sonne und helfen uns, uns selbst zu finden.

Als ich begonnen habe, Yoga zu üben, war mir nicht klar, wohin es führen würde. Wie so viele, habe ich mit körperlicher Praxis begonnen. Doch Yoga ist nicht nur das. Es gibt so viel zu entdecken, ein Raum folgt dem nächsten. Yoga ist eine der möglichen Brücken zum wahren Selbst. Ich denke, deshalb wird Yoga auch von von so vielen so sehr geliebt. Wobei es nicht unbedingt das körperliche Üben sein muss.

YOGA IST FÜR ALLE DA

Falls du schon Yoga übst, dann juchhe, ich freue mich mit dir! Falls du denkst, Yoga sei nichts für dich, ist das auch okay. Es wäre zwar schön, wenn du es einmal ausprobieren würdest, das rein körperliche Yoga, aber es gibt auch genügend Alternativen. Eigentlich kann alles Yoga sein. Patanjali, der eine der bekanntesten Yogaschriften verfasst hat, erklärt in seinem achtgliedrigen Pfad, wie wir das Einssein mit der Glückseligkeit finden können. Er beschreibt die Schritte des Yogaweges. Seine Sutren beinhalten nicht nur die Asanapraxis, sondern auch einen moralischen Kompass, der uns inneren Frieden schenken kann.

Der achtgliedrige Pfad ist eine Landkarte zum inneren Glück und werden wir die einzelnen Stufen durchgehen. Zur Vertiefung schau dir unbedingt mein Lieblingsbuch[28] zum Thema an, das meinen Blick auf die Bedeutung der Sutren maßgeblich geprägt hat.

Yama – Gutes Mindset für Umwelt und Mitmenschen

Der Weg beginnt mit den *Yamas*, einer Art moralischem Kompass. Sie beschreiben, wie ein yogischer Umgang mit der Welt aussehen kann. Alles Außen spiegelt unser Inneres. Beginnen wir unseren inneren Blick auf alles Außen zu verändern, verändert sich auch das, was um uns ist. Wir begegnen der Welt in Frieden und ermöglichen so den Frieden in uns. Beachte, dass es nie um ein klassisches »Richtig oder Falsch« geht. Der Yogaweg leitet uns vielmehr an, uns unseres Handelns und seiner Auswirkungen bewusst zu werden. Zu den Yamas gehören folgende Gedanken:

Ahimsa – Gewaltlosigkeit

Ahimsa bedeutet, nur wir selbst können den Frieden in die Welt heraustragen, den wir uns wünschen. Tragen wir Verurteilungen, Verletzungen, Schuldzuweisungen mit uns herum, bleibt ein tiefer innerer und damit auch äußerer Frieden verwehrt. Unser Groll färbt die Brille, mit der wir auf die Welt schauen, und verdüstert sie. Freundlich und liebevoll mit allen Wesen zu sein, ist eine Sache der Selbstaufmerksamkeit. Es beinhaltet auch, unsere Umwelt zu schützen oder immer wieder aufs Neue zu einer Perspektive der Liebe zu wechseln, auch wenn einmal etwas nicht so läuft, wie wir es uns vorgestellt haben. Wenn wir jedoch unsere Trigger, Muster und Bären nicht im Griff haben und uns das Leben hektisch durch die Tage peitscht, wird die

Selbstaufmerksamkeit schwer. Ahimsa bedeutet, das zu sehen und zu verändern. Es ist die Wahl des Weges der Akzeptanz, Toleranz und des Friedens. Um diese Wahl treffen zu können, darf uns unser Verhalten immer bewusster werden. Es ist das Einzige, auf das wir wirklich Einfluss haben. Frei nach der Formel: Je bewusster, umso gewaltfreier, freundlicher, mitfühlender. Das Mantra »Lokah samasta sukhino bhavantu« kann uns daran erinnern. Übersetzt heißt es so viel wie »Mögen alle Lebewesen in Harmonie und Glück verbunden sein«. Was für ein schöner Wunsch, oder?

Satya – Wahrhaftigkeit
Sich nicht mehr zu verstellen wird belohnt, verspricht dieses Yama. Je authentischer wir sind, umso mehr ziehen wir die Menschen und Aufgaben an, die genau zu uns passen. Umso besser können außerdem unsere Kreativität und unsere Leidenschaft zum Ausdruck kommen, denn wir vergeuden keine unnütze Energie mehr, um einen schönen Schein zu kreieren.
Auf der anderen Seite kennt fast jeder die Angst vor Ablehnung, die Sorge, sich lächerlich zu machen, zu versagen oder nicht gut genug zu sein. Auch das ist normal, steckt doch in jedem von uns der Wunsch, geliebt zu werden und dazuzugehören. Dieser alte Überlebensinstinkt kommt noch aus der Zeit, in der wir ohne unsere Gruppe nicht hätten überleben können. Also melden sich unsere alten Bären, sobald wir uns zu sehr zeigen wollen, und erinnern uns an ehemalige Verletzungen und Zurückweisungen. Als Folge dessen versuchen wir, uns passend zu verhalten. Uns zu zeigen, wie wir sind, ehrlich zu sagen, was wir denken – all das dürfen wir üben. Es ist eine tägliche Aufgabe. Es gibt Studien[29] die zeigen, dass ein gefühlter Ausschluss aus Gruppen unser Schmerzzentrum aktiviert. Unsere Aufgabe ist es dennoch, Wahrhaftigkeit zu finden, ohne andere zu verletzen (siehe Ahimsa). Machen wir uns innerlich freier, geben wir anderen die Erlaubnis, sich auch ganz zeigen zu dürfen. So entstehen echte, tiefe Bindungen. Yoga ist daher auch ein Weg, der dich einlädt herauszufinden, was dich manchmal davon abhält, du selbst zu sein. Frage dich: Wo bin ich ganz ich selbst? Wo nicht?

Asteya – Nicht-Stehlen
Hast du schon einmal gestohlen? Ich erinnere mich an einen kleinen Anstecker, der im damaligen Schüleraustausch bei einer Mutprobe in meiner Jacke landete. Bis heute kann ich diese heiße Angst, entdeckt zu werden, fühlen, die in diesen Minuten durch mich rauschte. Es war unerträglich. Doch nicht nur die Straftat des Diebstahls ist mit Asteya gemeint. Manchmal behalten wir Dinge, die uns geliehen wurden, oder nehmen uns einfach, was wir wollen. Asteya räumt auf mit dem Glauben, wir müssten für unseren Vorteil selbst sorgen, denn jeder wahrgenommene Mangel ist eine Illusion. Das Glück ist immer in uns. Nichts im Außen, was wir meinen zu brauchen, kann unsere innere Zufriedenheit langfristig nähren. Das bedeutet auch, von anderen nichts zu fordern, was sie nicht aus freien Stücken geben wollen. Wir sollten unseren Partner nicht manipulieren, um uns geliebter zu fühlen, oder unser Kind nicht zu sehr einschränken, nur um selbst keine Ängste aushalten zu müssen. Puh, Asteya ist gar nicht so leicht. Es sei denn, wir beginnen Fülle zu fühlen.
Dankbarkeitstagebücher sind daher auch hier eine feine Sache, ebenso wie das bewusste Einatmen guter Momente, wie wir das bereits gelernt haben. Beginne, das zu deiner Praxis zu machen, und etabliere Großzügigkeit. Unser Erfolg, so heißt es, hängt auch von der Fähigkeit ab, an-

deren noch mehr von dem zu wünschen, was wir selbst gern hätten. Frage dich: Wo kann ich großzügiger werden? Wo kann ich noch mehr an Fülle glauben?

Brahmacharya – Die All-Seele
Dieses Yama lädt uns ein, unsere Lebensenergie, unser Prana, zu behüten. Alles Maßlose zu vermeiden und in unserer Mitte zu bleiben, um ein Leben mit Gott beziehungsweise dem Universum zu führen. Wenn wir Schmerz fühlen oder etwas zu vermissen scheinen, gibt es eine Menge scheinbar schneller Auswege. Wer sich ungeliebt und nicht wertvoll fühlt, mag zum Beispiel Bestätigung in amourösen Abenteuern suchen. Wer Trauer fühlt oder Ohnmacht, mag viel zu viel essen und so Trost suchen oder sich in die Arbeit stürzen, um alles zu betäuben. Wir alle haben unsere eigenen kleinen Strategien, um uns selbst schnell Trost, Beruhigung oder Ablenkung zu verschaffen. Brahmacharya mahnt uns zur Vernunft in einem liebevollen Sinn. Es ist die ernsthafte Intention, unser Leben bewusst und in Verbindung mit unserem wahren Selbst zu leben.

Wir dürfen dieses Leben und somit unsere Lebensenergie als wertvolles Geschenk sehen. Und wir können jeden Moment neu wählen und versuchen, aus unserer Mitte heraus bewusst und in Verbundenheit zu handeln. Was uns hierbei hilft, ist die Ausrichtung auf das, was größer ist als wir selbst. Hand in Hand mit dem Universum das Leben angehen, das ist Brahmacharya. Frage dich: Woran glaube ich? Wie kann dieser Glauben mein Leben positiv beeinflussen?

Aparigraha – Nicht-Besitzen
Aparigraha beschäftigt sich mit dem, was wir meinen, für unsere Erfüllung zu brauchen. Ich bin, wie fast alle Menschen, die ich kenne, ein Sicherheitstyp. Ich habe gern ein zweites Schloss an der Tür und Klarheit darüber, wie die Miete im nächsten Monat bezahlt werden wird. Was vielleicht durchaus vernünftig und menschlich scheint, kann ein Nachteil werden. Zum Beispiel, wenn ich mein Sicherheitsbedürfnis über andere Dinge stelle. Verbiegen wir uns, nur um die Miete bezahlen zu können? Alles, was wir meinen zu brauchen, befriedigt unsere Bedürfnisse, kann uns aber ebenso einschränken. Mit dem Besitz kommt gleichzeitig häufig die Angst vor Verlust. Wenn ich mit Menschen arbeite, die mit ihrer momentanen Arbeit nicht glücklich sind und endlich dem Ruf ihres Herzens folgen wollen, ist häufig die größte Bremse die Angst, den jetzigen Lebensstandard zu verlieren. Das war bei mir nicht anders.

Aparigraha mahnt uns, unser Glück nicht im Außen zu suchen. Nicht einmal in den Menschen, die wir lieben und auf die wir nie verzichten wollen. Erst recht nicht in materiellen Gütern, wie dem schönen Haus oder dem süßen Garten. All das ist im Außen und nur eine Momentaufnahme. Das Leben fließt. Wir dürfen alles schätzen und annehmen, ohne es halten zu wollen. Frage dich: Was glaube ich für mein Glück zu brauchen? Auf was könnte ich nicht verzichten? Und denke darüber nach, wo dieser Glaube Leid und Unruhe in deine Gedanken und in dein Leben bringt.

Niyama – Umgang mit dir selbst
Ging es eben noch um uns in der Welt, geht es nun um unseren Umgang mit uns selbst. Denn alles, was wir uns vornehmen, wird leichter, wenn wir in unserer Mitte sind.

Saucha – Reinheit
In der yogischen Tradition gibt es eine Vielzahl von Reinigungstechniken, genannt *Kriyas*, die

Essentiell am Morgen: Körperbürste, Neti-Kännchen und Zungenschaber.

zum Teil in meiner ersten Yogalehrerausbildung Thema waren. *Saucha* – Reinheit - meint die körperliche und auch geistige Reinheit. Je mehr wir lernen, einem inneren Gefühl von Hygiene zu folgen, umso ruhiger und gesünder sind wir. Die körperlichen Reinigungsrituale, die ich heiß liebe und nur empfehlen kann, sind:

- Zunge schaben
- Nasendusche mit dem Neti-Kännchen
- *Nauli* – das Bauchkreisen
- Ölziehen

Santosha – Zufriedenheit

Santosha, quasi unser innerer Glücksplanet, ist unser eigentliches Ziel auf unserem Weg. Dieser ist, sagen die Buddhisten, ein Weg, gefüllt mit 10.000 Leiden und 10.000 Freuden. Die Frage ist, ob wir aus den 10.000 Leiden, durch unsere Lebensweise, unsere Routinen und unsere Gedankenmuster, 20.000 oder mehr Leiden machen. Also gilt es, mit allen ungünstigen, Leid produzierenden Gedanken und Angewohnheiten aufzuräumen und anzunehmen, was ist.

Das ist für mich der schwerste Punkt. Noch immer mag ich meine gut gelaunten Tage, an denen ich energiegeladen viel schaffe, weitaus lieber als die Tiefs, die ich habe. Das Leben fließt in Wellen, und wenn wir nur die Hochs suchen, wird es anstrengend. Zufriedenheit mit allem bedeutet, im besten Sinn gleichgültig zu werden. Gar nicht so leicht, oder?

Frag dich einmal, wann deine Unzufriedenheit am größten ist. Was lässt dich hadern? Diese Frage zeigt dir, was los ist. Die Technik »The Work« von Byron Katie[30] macht deutlich, wie viel Leid in uns entsteht. Als zum Beispiel meine Kinder größer wurden, gab es automatisch Auseinandersetzungen um unaufgeräumte Zimmer und andere Nebensächlichkeiten. Bei einem meiner Söhne wurde ich sehr emotional, wenn ich beim Nachhausekommen den Flur unaufgeräumt vorfand. In mir kochte die Wut hoch, ich rief laut und verlangte Ordnung. Meine Stimmung verschlechterte sich rapide. Zu dieser Zeit las ich gerade Byron Katies Buch[30]. Die Lage schien damals klar: Ich wollte einen aufgeräumten Flur und bekam ihn nicht. Als ich die Fragen von »The Work« für mich beantwortete, veränderte sich alles. Man beginnt dabei mit einer Beschreibung der Ausgangslage. Die sah bei mir so aus: »Mein Sohn kommt herein und wirft einfach alles im Flur ab. Wenn ich dann geschafft von meiner Arbeit nach Hause komme, finde ich ein mittleres Chaos vor. Er tut dies, obwohl ich ihm meine Gefühle hierzu schon mehrfach auf unterschiedliche Weise versucht habe klarzumachen. Er nimmt mich und meine Bedürfnisse nicht ernst.« Nun ist die Aufgabe, den Punkt zu finden, der am meisten schmerzt und wo eine Veränderung das eigene Leben deutlich verbessern würde: »Mein Sohn sollte den Flur ordentlich hinterlassen und mich und meine Bedürfnisse ernst nehmen.« Wobei ich zugeben musste, dass der Gedanke von »ernst nehmen« für mich am wichtigsten war. Je mehr ich darüber nachdachte, kristallisierte sich als Kern meines Leids dieser Satz heraus: »Mein Sohn nimmt mich und meine Bedürfnisse nicht ernst.«

Hat man den schmerzhaften Kern der eigenen Realität erkundet, folgen die Fragen in einer festen Abfolge, wobei ich mich entschieden habe, ein paar Fragen mehr hier einzufügen, um den Prozess zu verdeutlichen. Auf der Internetseite von »The Work« findest du ein Arbeitsblatt und weitere Ressourcen.[31] Hier die Fragen und Antworten zu meinem Beispiel von damals:

1. Ist das wahr? Ja. Ich sehe den Flur. Er ist unaufgeräumt, obwohl wir schon so oft darüber geredet haben. Ich denke daher, er nimmt mich und meine Bedürfnisse nicht ernst.

2. Kann ich 100 % sicher sein, dass das wahr ist? Nun, wahr ist, dass der Flur unaufgeräumt ist. Das mit dem Ernstnehmen ist eine Vermutung.

3. Wie reagiere ich, wenn ich glaube, dass das wahr ist? Ich reagiere wie eine Furie, meckere und schreie. Danach schäme ich mich für meinen Auftritt. Der Tag ist ab diesem Moment im Eimer und ich bin aufgewühlt und unglücklich.

4. Wie fühle ich mich, wenn ich das glaube? Der Gedanke, dass mein Kind mich nicht ernst oder wichtig nehmen könnte, lässt mich unglücklich werden. Eine große Schwere legt sich dann auf Herz und Hals. Ich fühle mich einsam und ungeliebt.

5. Was wäre ich ohne diese Gedanken? Wäre diese ganze Logik von »Nicht-wichtig-genug-nehmen« nicht in meinem Kopf, wäre ich nicht so angespannt und emotional, wenn der Flur in Unordnung ist.

6. Bin ich bereit, diese Gedanken gehen zu lassen? Ja! Ich will eine gute Beziehung zu meinem Sohn haben.

7. Kehre die Aussage um. Die Umkehrungen können auf drei Arten passieren:
a. Einmal kann man den Bezug wechseln. Aus: »Mein Sohn sollte mich ernster nehmen«, wird dann: »Ich sollte meinen Sohn ernster nehmen.«
b. Eine weitere Umkehrung ist: »Mein Sohn sollte mich nicht ernster nehmen.«
c. Die dritte Variante bezieht sich auf mich: »Ich sollte mich ernster nehmen.«

Während man all die Umkehrungen zu den Antworten von 1–5 aufschreibt, merkt man automatisch, an welcher Stelle es eine emotionale Resonanz gibt, und es wird glasklar, wie der eigene Kopf, mitsamt der Weigerung, die Realität so anzunehmen, wie sie ist, Leid produziert. Mir fiel es damals wie Schuppen von den Augen: Ich sollte mich ernster nehmen. Am wütendsten wurde ich, wenn ich total abgekämpft und hungrig

Leichtigkeit kommt, wenn wir unsere Gedanken aufräumen.

nach Hause kam. Nach langen Arbeitstagen war ich gerne noch schnell in den nächsten Supermarkt gesprungen und schleppte meist zu schwere Taschen müde die Treppe hinauf, bevor ich den Flur betrat. Warum tat ich mir das an? Was versuchte ich zu beweisen? Mir fiel außerdem auf: Ich versuchte zu beweisen, dass ich alles schaffen konnte. Es war also an der Zeit, mir selbst mehr Pausen einzuräumen und – auch wenn es mir schwer fiel– Dinge abzugeben. Mich nicht mehr aufzuopfern war eine sehr gute Entscheidung und bis heute arbeite ich an ihrer Umsetzung. Die zweite Aussage, die noch mehr veränderte, war: »Ich sollte meinen Sohn ernster nehmen.« Ich fragte ihn also, was eigentlich los war, wenn er nach Hause kam. Ich erfuhr, wie viel Stress ihm das nahende Abitur machte und dass die Angst vor schlechten Noten an seinen Nerven zerrte. Wenn er reinkam, wollte er alles einfach nur »abwerfen«, und plötzlich konnte ich die Situation anders sehen. Die Geschichte in meinem Kopf mitsamt ihrer Logik war verschwunden. Ich hatte ein wenig mehr Frieden mit dem, was war.

Selbstdisziplin – Tapas

Es gibt einen feinen Unterschied zwischen einer wohltuenden Disziplin und dem Streben nach Perfektionismus. Während uns Letzteres nur enttäuschen kann, da wir nie ankommen können, kann Ersteres uns den Weg zum inneren Glück ebnen. Gute Routinen brauchen ein Dranbleiben und manchmal sogar ein Durchkämpfen, denn erst mit der Übung stellen sich Veränderungen ein. Wie schon erwähnt, waren meine ersten Meditationssitzungen alles andere als erholsam. Ständig zwickte mich etwas, Gedanken brachten Unruhe und das Sitzen war schwieriger als vermutet. Aber es lohnte sich! Unser Durchhaltevermögen zu trainieren, macht uns wider-

Sonnengruß A

standsfähig und klar. Irgendwann wird alles leichter. Dranzubleiben und die eigene Komfortzone zu verlassen, tut gut. Wenn wir Glück haben, bemerken wir: Wir schaffen mehr, als wir dachten. Grenzen lösen sich auf, und das macht Mut für die nächsten Schritte in unserem Leben. Du kannst für dich einmal schauen, ob und wo du noch schnelllebigen Impulsen zu oft nachgibst. Frage dich: Wo könnte ich mehr Durchhaltevermögen zeigen? Wie sähe das aus? Dann beginne mit kleinen Schritten, etwas zu verändern. Nimm dir nicht zu viel vor, es geht nicht darum, perfekt zu werden.

Svadhyaya – Selbststudium
All unsere Konditionierungen und Muster dürfen wir betrachten, und schon mit der Betrachtung beginnt die Befreiung. Nichts, was bewusst geworden ist, bleibt, wie es war. Svadhyaya ist aber auch ein Nach-innen-Fühlen. Was sagt unsere innere Stimme? Ich liebe es beispielsweise, meine innere Stimme nach der morgendlichen Meditation zu journalen. Falls du das auch ausprobieren willst, beginne einfach. Suche dir einen ruhigen Moment und atme tief. Wenn du eine tiefe Ruhe fühlst, schnapp dir Stift und Papier und warte ab. Beobachte, welche Impulse in dir aufkommen und wo du sie fühlen kannst. Lass dich nicht irritieren, wenn nichts kommt. Bleib dran und habe Spaß bei dem, was passiert, ohne etwas zu erwarten.

**Ishvara Pranidhana –
Hingabe an das Göttliche**
Ishvara Pranidhana meint, dass wir ein Leben im Jetzt leben, und das im vollen Vertrauen darauf, dass der Fluss des Lebens alles für uns regelt. Ich weiß nicht, wie es dir geht, aber ich stehe bisweilen nicht so entspannt in meinem Fluss. Manchmal scheine ich das Wasser antreiben zu wollen und schippe es quasi in die Fließrichtung, als könnte ich mit meiner Eile und Anstrengung den Zeitplan des Lebens ändern. In anderen Phasen will ich nicht wahrhaben, wohin das Leben mich spült. Alle Zeichen mehren sich und trotzdem stelle ich mich stoisch gegen den Fluss. Beides ist anstrengend und hat nichts mit Hingabe zu tun. Hingabe vertraut. Wie nach jedem Atemzug der nächste folgt, so folgt ein Ereignis auf das andere. Kontrolle ist eine Illusion. Viel mehr

können wir erreichen und erleben, wenn wir staunend betrachten, was ist. Dazu braucht es das Vertrauen in eine größere Kraft und darin, dass alles einen Sinn ergibt.

Eine schöne Praxis, um das Vertrauen in den eigenen Weg zu stärken, ist ein kleiner Altar. Ein solcher Ort kann Kristallen oder Erinnerungsstücken ein Zuhause geben und uns an unseren Weg und an die Hingabe erinnern.

Asanas – Körperhaltungen

Asana ist die Körperhaltung im Yoga. Bei mir begann der Yogaweg mit der Asanapraxis. Nach meinem Studium und in besagtem Italienurlaub reiste ein kleines Yogabuch [32] mit, was mir im Lieblingsbuchladen in die Hand gefallen war. Ich weiß nicht genau, warum das Buch eine solche Anziehungskraft auf mich hatte, es mag an der Erschöpfung gelegen haben. Ich las jedenfalls wie gebannt über Yogahaltungen und den achtgliedrigen Pfad.

Nach dem Urlaub ging ich auf die Suche nach einem schönen Yogastudio und fand einen Tagesworkshop in der Nachbarstadt. Mich hat es gleich gepackt. Seit Jahren schon übe ich Asana.

Ich bin so gut wie jeden Morgen auf der Matte. Ich singe, bete, atme, meditiere, schreibe, und dann kommt endlich die Bewegung. Die körperliche Yogapraxis wird magisch, wenn man ein wenig Übung hat und das, was man tut, feiner werden darf. Plötzlich entfaltet sich beim Recken der Arme automatisch eine tiefe Einatmung und mit ihr gleichzeitig ein Gefühl von Fülle und Frieden. Jede Vorbeuge kann ein Beweis von Demut werden, jede Rückbeuge ein Versprechen von Offenheit und Liebe. Yoga ist Poesie. Körper, Atem und Bewegung werden eins. Als Ergebnis erhalten wir innere Ruhe, Feingefühl und einen geschmeidigen Körper.

Solltest du Yoga schon einmal versucht haben und es war nicht deins, warte ab. Vielleicht packt dich irgendwann noch einmal die Sehnsucht und du gibst einem anderen Yogalehrenden eine Chance. Vielleicht übst du auch schon und kannst das, was ich meine, bereits fühlen. Wobei es wahrscheinlich bei jedem etwas anders ist. Solltest du noch kein Yoga ausprobiert haben, verstehe diesen Teil als Einladung, es auszuprobieren. Yoga wirkt nicht nur körperlich, sondern auch emotional.

Es gibt zig Versionen des Sonnengrußes. Finde die für dich beste.

Jedes Asana hat den Anspruch, gleichzeitig stabil und leicht zu sein. So kann man eigentlich auch durchs Leben gehen, oder? Stabil, also gut geerdet mit Bodenhaftung, die eigenen Wurzeln und den eigenen Weg klar vor Augen und gleichzeitig leicht, frei, flexibel.

Pranayama – Lenkung der Lebensenergie
Da Pranayama uns fast ein ganzes Kapitel lang beschäftigt hat, will ich hier nur sagen: Gib ihm eine Chance. Du atmest sowieso, also warum nicht einfach beginnen, mit deinem Atem zu spielen? Sei nicht zu ernst, sondern probiere dich aus.
Ich habe das früher viel zu ernst genommen. Bei den ersten Wechselatmungen zu Beginn von Yogaklassen habe ich besonders mit der Atempause sehr gekämpft. Dabei gibt es nichts zu gewinnen, wenn man es genauso lange schafft wie der Lehrende. Warum auch? Pranayama ist persönlich, individuell. Genau wie unser ganzer Lebensweg. Wir dürfen uns überall Inspiration holen, lernen und uns Vorbilder suchen, doch was wir daraus machen, bleibt unsere Sache, und das ist gut so.

Pratyahara – Rückzug der Sinne
Auf dem Yogaweg geht es mehr und mehr nach innen. Während unser Atem uns noch mit der Außenwelt verbindet, üben wir nun den bewussten Rückzug. Was nicht leicht und darum umso wichtiger ist, denn die Welt kann sehr laut sein. Du kannst Pratyahara quasi überall üben und so deine Sinne nach und nach deinem Willen unterordnen. Atme einfach und versuche deine Aufmerksamkeit in dich zu lenken. Es tut so gut.

Dharana – Konzentration
Wir brauchen eine anhaltende Ausrichtung, um uns vom dauernden Gedankenstrom zu befreien. Neben der Mantra-Meditation die du schon kennengelernt hast, kannst du auch eine Mala zur Meditation nutzen. Eine Mala ist eine Gebetskette, bestehend aus 108 Perlen. Bei der sogenannten Japa-Meditation, der Mala-Meditation, lässt man die Kette durch die Finger gleiten und wiederholt ein Mantra bei jeder Perle.
Die Konzentration auf das Mantra und auf die eigenen Finger lässt den Geist ganz still werden. Du kannst auch bei jeder anderen Tätigkeit Dha-

rana üben. Erinnere dich an die Achtsamkeitsübungen. Wenn du kochst, koche nur und mache sonst nichts. Jede Alltagshandlung entfaltet Magie, wenn wir sie mit Achtsamkeit üben.

Dhyana – Meditation
Meditation ist hier ein Zustand, also wird das Wort ein wenig anders genutzt als bisher. Keine Technik, sondern das natürliche Andocken an unser wahres Selbst, an unseren inneren Raum, unseren Glücksplaneten, ist gemeint. Eigentlich ist das unser natürlichster Zustand, doch vor lauter Ego und Konditionierungen, Beschäftigtsein und Angespanntheit erreichen wir ihn nicht immer so schnell. Doch wenn wir all die Yamas und Niyamas üben und so unser Ego nach und nach in den Griff bekommen, wenn wir unseren Körper bewegen und Konzentration lernen, dann wird der Zustand zugänglicher. Nichts, was man erzwingen kann oder sich vornehmen kann wie ein Etappenziel.
Die innere Stille, das innere Andocken ist mehr eine Intention, ohne dass wir sie mit einer Erwartung verknüpfen. So bleibt das Ego still und der Frieden kommt leichter zu uns.

Samadhi – Erleuchtung
Samadhi, Erleuchtung, ist erreicht, wenn wir eintauchen in das Einssein mit dem Universum. Wenn wir verstehen, dass wir alles sind. Wenn wir begreifen, dass wir alle verbunden sind und allesamt wunderbare, einzigartige Teile des Universums sind. Dies ist die letzte Stufe des Yogawegs und wird häufig als »vollständige Erleuchtung« beschrieben. Es gibt kein Gut oder Schlecht, kein Du oder Ich, keine Bewertung und keine Trennung mehr.
Samadhi ist für mich persönlich das bewusste Eintauchen in Bewusstsein. Tauchen wir in unsere Seele ein, nehmen wir unendliche Weite, Licht und Liebe wahr. Für einen Moment verschwindet das Gefühl jeglicher Beschränktheit. Über die kurzen, flüchtigen Momente hier haben wir schon geredet. Die Kunst ist, auf dem Weg zu sein und an keinem dieser goldenen Momente festhalten zu wollen. Halte kurz inne und frage dich: Jage ich die Glückseligkeit oder darf sie friedlich zu mir kommen?

TEIL 3:

KOMME AN AUF DEINEM GLÜCKSPLANETEN

Diesen Weg
gehen wir gemeinsam.
unsere Unterschiede,
nur an der Oberfläche.

Du bist ich - ich bin du.
Wir alle eins.
Kein Kampf, kein Vergleich,
keine Anklage.

Offenheit, Vergebung, Liebe,
wählen wir und widerstehen,
Moment für Moment
der Angst.

Keine Trennung,
nur ein Spiel von Energien
im ewigen Licht.

9. Lebe im Licht

Dieses Leben ist eine Reise, die dir erlaubt, dich stets weiterzuentwickeln. Für deinen Weg bekommst du alle Hilfe, wenn du lernst, auf die Zeichen und deine innere Stimme zu hören. Die Frage ist, ob du dem Strom folgen magst und aufgeben kannst, was du meinst zu brauchen. Kannst du aufhören, recht haben zu müssen, und einfach glücklich werden? Kannst du Erwartungen und Kontrolle abgeben und dafür Frieden und Verbundenheit fühlen lernen?

Keiner deiner Schritte war je dafür gedacht, schwer zu sein, und doch wird dir manches schwer erscheinen. Das Leben serviert uns allen die verrücktesten Momente. Wir können nur mitfließen, uns treiben lassen und die Reise genießen.

Ich glaube, wir alle sind auf dem gleichen Weg unterwegs. Wir können es Bewusstwerdung nennen oder Selbstfindung oder Aufwachen. Es ist ein Prozess des Schichten-Abtragens, der Ent-Wicklung im besten Sinne des Wortes. Unterwegs kann die Leichtigkeit manchmal verloren gehen und das ist schade. Einmal, weil sie ein entscheidender Beschleuniger unserer Entwicklung ist, vor allem jedoch, weil der Weg das Ziel ist, wie es so schön heißt. Der Weg sollte Spaß machen, er ist unser Leben. Wir sollten es genießen können wie eine lang ersehnte Reise in ein exotisches Land – voller Entdeckungsdrang und bereit, mittendrin zu sein.

Statt genau das zu tun, schleicht sich zumindest bei mir bis heute immer wieder die alte Schwere ein. Wir werden unsere Muster meist nicht über Nacht los. Ich denke manchmal, es ist, als wolle das Leben uns immer wieder daran erinnern zu wachsen. Und wer weiß? Wären all die kleineren und größeren Herausforderungen nicht da, ich würde vielleicht den ganzen Tag in einer Hängematte dösen. Was keine schlechte Vorstellung ist, aber wenig mit Wachstum und Expansion zu tun hat. So aber, mit all dem Leben um mich, bleibe ich dran und starte mit einem Appell: Wir alle können nicht genug Leichtigkeit und Spieltrieb haben.

Wann immer die Anstrengung sich in deinem Leben breitmacht, kannst du sicher sein, dass die Angst und damit das Ego dein Ruder übernommen haben. Das Ego, also dein konditionierter Geist mit all seinen Gedanken und Rückschlüssen, hat etwas zu verlieren. Es lebt in einer Welt, die aus Gewinnen oder Verlieren besteht. Wenn du im Ego bist, hast du das Bedürfnis, dich zu schützen und zu verteidigen. Du bist im Kampf und damit angestrengt. Selbst wenn du etwas erreicht oder geschafft hast, hört es nicht schlagartig auf. Häufig kommt dann die Angst, alles wieder verlieren zu können. Wenn du nicht aufpasst, hält dich dieser Mechanismus in einem Rausch aus Beschäftigung.

Lass uns daher einmal kurz rekapitulieren: Wenn du innehältst und das, was du jetzt gerade vor dir siehst, betrachtest und einfach in diesen Moment eintauchst, atmest, die Zeit anhältst, entsteht der innere Raum. Wie ein Stück Weiß mitten im Text oder wie eine Lücke zwischen lauter Häusern, ein Stück Blau am Himmel. In dir wird etwas weiter. Immer, wenn du gegenwärtig bist, betrittst du diesen Raum und stehst so auf einer der Brücken zu deinem wahren Selbst. Sobald du diese Verbindung zu deiner Seele bewusst in deinem Geist fühlen kannst, hast du Zugang zu einer anderen Art von Weisheit. Sie hat nichts mit Fakten zu tun, sondern eher mit einem tiefen inneren Wissen oder Kennen. Du kannst atmen und die Anstrengungen loslassen und deine Brücke finden, jederzeit. Je mehr du lernst, dich zu entspannen und deine Muster aus Anstrengung zu entzaubern, umso mehr wirst du lernen, im Licht zu leben, und deinen eigenen Glücksplaneten in dir fühlen können.

LERNE ZU VERTRAUEN
Eine der Grundzutaten, die du brauchst, ist das Vertrauen. Und da wir nachher für einige tiefere Schritte viel Vertrauen brauchen, halten wir kurz an. Vertrauen ist der Konterpunkt zur Ängstlichkeit deines Egos. Dein Geist speichert das Negative. Egal, wie wunderbar du alle bisherigen Techniken und Tricks anwendest, die Ängste und Sorgen in dir werden immer wieder eine Herausforderung bleiben. Vertrauen ist die Rettung. Mache nicht den Fehler und missverstehe Vertrauen als Eigenschaft. »Ich vertraue« sagt man schnell und denkt, das sei ein Geschenk oder zumindest eine Fähigkeit. Vertrauen jedoch ist ein aktives Tun und nichts, was uns Menschen zufliegt.

Vertrauen bedeutet, davon auszugehen, dass alles gut ist und wird. Für deinen Lebensweg bedeutet es, dem Leben an sich zu vertrauen. Darauf zu setzen, dass es dich genau dahin tragen wird, wo du sein musst, um deine Lektionen zu lernen. Dies ist das Gegenteil von Kontrolle; Vertrauen bedeutet, deine Hände aus dem Spiel zu nehmen. Es bedeutet nicht, nicht mehr zu handeln, es bedeutet vielmehr, nichts mehr zu erzwingen.

Wenn es nicht so läuft und wir etwas vom Leben lernen dürfen, ist das mit dem Vertrauen oft schwer. Während ich dieses Buch schreibe, ist beispielsweise meine Haut so viel schlechter geworden. Die Ekzeme meiner Pubertät blühen überall auf meinem Körper auf. Alles juckt, und ich bemühe mich, mich nicht zu sehr davon ablenken zu lassen. Ich übe alles Mögliche, zum Beispiel Frieden damit zu machen und zu vertrauen. Ich versuche zu denken, dass alles kommt, wie es kommen soll, und dass all das für etwas gut ist. Das fällt mir nicht leicht, egal, wie viel ich meditiere. All meine Programme sind längst angesprungen. Ich habe versucht, die Kontrolle zu bekommen, und habe bereits jede Menge Ärzte und Fachleute aufgesucht, eine schnelle Lösung erhoffend. Ich habe, wie man so schön sagt, »alles« getan, damit es weggeht. Natürlich habe ich mich auch ordentlich selbst bemitleidet und war ein wenig eingeschnappt. Ich meine, ich esse schon so grün und mache Yoga und überhaupt – und dann das? Es kam mir vor wie eine Bestrafung. Von Vertrauen keine Spur. Heute hilft mir, mich auf das zu konzentrieren, was okay ist. Also atme ich die Momente ein, in denen es nicht juckt. Ich feiere die Körperstellen, die in Ordnung sind. Ich bete, dass eine Lösung kommen mag.

Jede Menge Lektionen lerne ich gerade, und jetzt, wo dieses Buch fast fertig geschrieben ist, wird die Haut etwas besser. Ich entspanne mich mehr. Eventuell bin ich auch dieses Glücksbuch mit der gleichen wilden Anstrengung und all dem Druck angegangen, wie alles andere auch? Obwohl ich es mir nicht eingestehen will, fühlt es sich so an.

Lass uns also nicht verzagen, wenn es einmal ganz anders läuft. Alles ist eine Lektion und wir bekommen die unseren so oder so. Wir können uns nicht drücken. Wir können nur immer bewusster werden, versuchen, uns zu entspannen und zu vertrauen. Vertrauen ist eine Intention und eine Tat, von Moment zu Moment. Das Le-

Immer ist über uns, irgendwo, ein Stück Blau am Himmel.

ben nehmen und sich ihm stellen. Die Langsamkeit und die Stille sind die Mittel, die uns auf unserem Weg ins Vertrauen weiterbringen. Was nicht bedeutet, dass wir ein Einsiedler werden sollen. Der Extremsportler und Autor Erling Kagge schreibt in seinem Buch[33]: »Die Welt auszusperren heißt nicht, seiner Umgebung den Rücken zuzukehren, sondern im Gegenteil: Es heißt, die Welt ein wenig deutlicher zu sehen, eine Richtung beizubehalten und zu versuchen, das Leben zu lieben.«

Damit sich dein Weg nicht anstrengend anfühlt, empfehle ich dir, eine 0-Stress-Toleranz zu etablieren. Diesen Begriff habe ich von der amerikanischen Autorin Gabrielle Bernstein[34] übernommen und finde ihn fantastisch. Er bedeutet: Werde ein richtiger Detektor für Stress in deinem Leben. Plane ab jetzt so, dass du viel Spaß und weniger Hektik hast. Alles geht besser, wenn du im jetzigen Moment Spaß hast und dich entspannst. Prüfe nur noch abends, wie viel Spaß und Freude du hattest und wie bewusst du warst. Überhaupt, lass Spaß und Freude deine Erfolgsfaktoren sein! Natürlich wird das Leben dadurch nicht leichter, aber es wird auf keinen Fall schwerer. Die eigentliche Illusion ist, dass du und ich meinen, uns anstrengen zu müssen. Da fehlt Vertrauen. Ersetze jedes »Ich muss« gegen ein »Ich will«, denn letztlich hast du gewählt.

Ärgere dich nicht, wenn du noch einmal in ein altes Muster zurückfällst und dich dabei erwischst, wie du dich abmühst, abhetzt, beschwerst und herumjammerst. Wie gut, dass es dir auffällt! Feire dich einfach jedes Mal, wenn du es bemerkst. Jeder dieser kleinen Momente ist Gold wert, denn er zeigt dir, dass du immer bewusster wirst, immer mehr aufräumst. Deine Veränderung ist im vollen Gang und es gibt nicht das eine Ziel, an dem endlich die Hängematte wartet. Besser du liegst zwischendurch immer wieder selbst hinein und verschnaufst. All das schenkt Vertrauen. Es hilft dir, nichts mehr auf irgendwann zu vertagen. Jetzt ist der Moment, sich großartig zu fühlen und Träume zu verwirklichen. Lass uns schauen, wie das geht.

IM FLUSS SEIN

Im Fluss zu bleiben beinhaltet zwei Übungen. Einmal dürfen wir lernen, alles loszulassen, was uns vermeintlich definiert, und gleichzeitig dürfen wir lernen, uns zu etwas Größerem hinzuwenden. Das Loslassen ist wichtig, um Raum zu schaffen. Nichts, was uns vermeintlich definiert, kann unsere Seele auch nur annähernd beschreiben. Alles, was wir benennen oder beurteilen können, beinhaltet eine Beteiligung unseres Ego-Geistes. Deepak Chopra[35] sagte in einem Interview mit der amerikanischen Talkshow-Größe Oprah Winfrey, dass unsere Biografie, also unser Lebenslauf und das, was wir normalerweise auf eine »Wer bist du? Was machst du?«-Frage antworten, nur die Landkarte unseres Egos zeigt. Unsere Seele ist das Licht dahinter. Daran dürfen wir uns immer wieder erinnern und somit erkennen, dass wir all das nicht sind. Wir sind mehr.

Loslassen ist wichtig, um im Licht zu leben, denn alle Identifikationen sind kleine Fesseln, die wir uns selbst angelegt haben. Wir alle hängen an Teilen unserer Identität und haben eine Menge Regeln für alle möglichen Schubladen parat. Als Mutter sollte man bitte schön fürsorglich sein, als Pflanzenesserin auch Wollpullover ablehnen, als Yogi ruhig und ausgeglichen durchs Leben gehen und so weiter. Diese Regeln schränken uns ein.

Früher habe ich in Urlauben gern damit gespielt, wie ich mich vorstelle. Wenn man andere Familien im Urlaub kennenlernt, kommt zwangsläufig irgendwann die Frage: »Und was machst du so?« Es war spannend zu beobachten, an welchen Antworten ich besonders hing und an welchen nicht. Es war auch spannend, die Reaktionen der anderen zu betrachten. Damals war ich angestellt als Führungskraft in einem Servicecenter, nur böse Zungen würden Callcenter sagen, einer großen Bank. Ich arbeitete Teilzeit und hatte gerade voll Stolz mein Studium abgeschlossen. Ich durfte mich also »Psychologin« nennen. Auf »Was machst du so?« konnte ich antworten – ohne zu lügen »Ich arbeite Teilzeit im Callcenter.« Oder: »Ich bin Wirtschaftspsychologin.« Beides stimmte. Natürlich gefiel ich mir mit Antwort zwei besser, immerhin hatte ich mir das schwer erarbeitet. Mein Ego fand die Idee von Silja als Frau Psychologin ganz gut. Und doch haben beide Antworten nie wirklich etwas über mich ausgesagt. Vielleicht ein wenig über meinen Alltag oder meine Vorlieben, aber mehr? Nein. Unsere Antworten auf diese Art Fragen bedienen lediglich Schubladen, in unserem eigenen Kopf und in den Köpfen der anderen. Auch unsere vermeintlichen Schwächen fallen in diese Kategorie. Sie limitieren uns, zementieren unser Hadern und zeigen nur auf, was uns wichtig zu erwähnen scheint.

Wer von Herzen denkt, er könne etwas nicht, wird sich schwer damit tun, es zu schaffen. Selbsterfüllende Prophezeiung, du erinnerst dich? Fast alles in unserem Außen ist eine Abbildung der Welt in unserem Kopf. Es gibt sogar kollektive Schubladen, in die wir einsortieren, das nennt man dann Vorurteile. Damit du das Licht der anderen sehen kannst, darfst du dein eigenes nicht mehr durch deine Identifikationen verdecken. Es tut gut, auch diese bewusst wahrzunehmen und immer mehr loszulassen. Du kannst für dich aufschreiben, was du alles von dir glaubst. Wie du dich selbst bewertest und sogar, wie du früher von deinen Eltern und Mitschülern bewertet wurdest. Schau dir an, wie du gern wärst und wo dein Ego sich manchmal aufblähen will. Atme durch. All das ist nur in deinem Kopf

Nicht anzuhaften bedeutet auch, nicht an der Vorstellung unserer selbst zu haften und zu wissen, dass es Wichtigeres gibt. Es bedeutet, das Ego im Zaum zu halten und den Glauben loszulassen, dass dich irgendetwas von all dem wirklich definieren könnte. Es ist wie mit alten Zeugnissen. In dem Moment, als du sie bekommen hast, mögen sie superwichtig gewesen sein, doch heute fragt dich keiner mehr danach. Sie sind verstaut und definieren dich nicht. Beginne, dein Selbstbild wie etwas zu betrachten, was außerhalb von dir entstanden ist. Füttere es nicht mehr.

> *Je mehr du dich von deinen Eigenschaften und Errungenschaften, Schwächen, Stärken, Heldentaten und deinem Versagen trennen kannst, umso freier wirst du.*

Um dich weniger mit deiner Persönlichkeit zu identifizieren, meditiere darüber, wer du gern bist oder ungern bist, und sage dir dabei selbst: »Das bin nicht ich.« Das ist spannend und tut so gut. Je mehr du all das loslassen kannst, umso unabhängiger wirst du.

GLAUBE DOCH, WAS DU WILLST

Wenn wir all das loslassen, nimmt unser Ego weniger Platz ein und rückt quasi zur Seite. Diesen Platz mit ein wenig Spiritualität zu füllen, ist das, was die Magie erschafft.

Wenn du deine eigene spirituelle Beziehung bewusst aufbaust, ist das wie ein Turboboost für dein Vertrauen in den Fluss des Lebens. Plötzlich ergibt alles so viel mehr Sinn! Glaube lässt dich das große Ganze sehen und über alles Weltliche für einen Moment hinauswachsen. Ganz egal, ob du in einer Kirche bist oder nicht, du kannst deinen eigenen Glauben definieren. Er wächst, wenn etwas in uns zu verstehen beginnt. Wobei das Verstehen weniger ein sachliches, analytisches Einordnen ist, mehr ein tiefes Wissen. So, als hätten wir eine Wahrheit wiedergefunden, die vorher vergessen schien. Alles, was du bisher gelesen hast, war dir hoffentlich eine Anleitung, dich von deinen Ängsten und deinem Unwohlsein abzuwenden und das Gute, das Gesunde, das Glück und die Leichtigkeit wachsen zu lassen. Es wird Zeit zu schauen, welche Wahrheiten du schon in dir gesammelt hast, die dein Vertrauen stärken. Deine spirituelle Beziehung ist das, was dich im Leben fließen lässt. Mit ihr sind wir wie ein Baum, der das Leben in allem fühlt und sich mit dem Wind biegt. Ein Baum will den Wind nicht kontrollieren, er spendet Schatten, einfach weil er ist. Er fühlt seine Wurzeln und sein Wachsen, hält Sonne und Regen aus.

Du musst nicht alle Verantwortung auf deinen Schultern tragen. Immer, wenn du das doch versuchst und kontrollieren willst, wirst du sofort Anspannung fühlen. Anstrengung ist ein sicheres Zeichen für dein Ego in Aktion. Es bedeutet, du vertraust nicht. Für ein Leben im Licht, auf deinem inneren Glücksplaneten, brauchst du einen Weg zurück zum Vertrauen, und das kann dein Glaubensbekenntnis sein.

ÜBUNG 27: DEINE SPIRITUELLE BEZIEHUNG

Beantworte die folgenden Fragen spontan und ohne groß nachzudenken. Du willst mit deinem Herzen antworten, statt deinen Kopf überlegen zu lassen, welche Antwort deinem Ego am besten gefallen könnte.

Was in meinem Leben ist gerade meine größte Herausforderung?

_____

_____

Was würde sich ändern, wenn ich mit 100 % Sicherheit wüsste, dass es eine höhere Kraft gäbe? Eine Kraft, die immer mit mir verbunden ist? Die mich auffangen wird, egal, was kommen mag? Was wäre anders, wenn ich das sicher wüsste?

_____

_____

Wenn ich wüsste, dass dieses Leben nur zum Lernen und Wachsen da ist, würde ich …

_____

Eine höhere Kraft bedeutet für mich:

_____

So beschreibe ich diese höhere Kraft, an die ich glaube:

_____

_____

9. LEBE IM LICHT

Ich vertraue auf diese Kraft, indem ich …

_____

Wenn ich mit ihr in Kontakt bin, fühle ich mich …

_____

So sabotiere ich meinen Kontakt zu dieser Kraft in meinem Alltag …

_____

So fühlt es sich an, wenn ich nicht mit ihr in Kontakt bin …

_____

Das ist meine größte Angst:

_____

Das tue ich, damit sie nicht wahr wird:

_____
_____

Um mehr zu entspannen, müsste ich wissen, dass …

_____
_____

Ich will lernen zu vertrauen, indem ich…

_____

Ich glaube an eine Kraft, die größer ist als ich selbst, und ich fühle sie fast immer, wenn ich nach innen gehe. Es ist ein Gefühl von Unterstütztsein und Ausdehnung. Unterstreiche jetzt in deinen Antworten die Zeilen, die dich besonders berühren und deinen Glauben am besten beschreiben. Du hast bereits eine einzigartige spirituelle Beziehung. Egal, wie du es nennen magst. Es wird Zeit, sie aufzuschreiben und als Anker für deinen Weg und dein Vertrauen zu nutzen. Formuliere in deinen Worten, was du tief in deinem Herzen weißt und glaubst.

DIES IST MEIN GLAUBENSBEKENNTNIS:

_____

_____

_____

_____

_____

Lies dir dein Bekenntnis noch ein paarmal durch. Vielleicht gibt es ein Symbol oder ein Bild, das dich daran erinnert? Beginne spätestens jetzt, dir einen kleinen Altar einzurichten und so einen Ort zu gestalten, der dir Sicherheit und Vertrauen schenkt.

Kannst du den Unterschied fühlen zwischen den Momenten, in denen du voller Zuversicht und Vertrauen bist, und solchen, in denen du das Gefühl hast, die Welt auf deinen Schultern tragen zu müssen? Sobald du ab jetzt Anstrengung fühlst, kehre zurück zu deinem Glauben. Stoppe die alte Ego- und Opfergeschichte und finde deinen Blickwinkel der Liebe wieder.

Ich glaube fest daran, dass das Leben es gut mit uns meint und wir dem Fluss nur folgen brauchen. Wir alle sind hier, um die eigenen Wunden zu heilen und über uns selbst hinauszuwachsen. Unser Glauben geht in vielen Momenten unseres Lebens kurze Zeit verloren. Wenn das Schicksal es nicht gut mit uns zu meinen scheint, wir eine Krankheit durchleiden müssen oder einen lieben Menschen verlieren, wird unser Glaube auf die Probe gestellt. Unser Glaubensbekenntnis ist ein erster Schritt, der Rest darf wachsen.

Zeichen können dir helfen, dein Vertrauen zu stärken.

Bitte um ein Zeichen

Früher hätte ich laut gelacht, wenn mir jemand was von Zeichen erzählt hätte. Heute bin ich lieber ruhig und freue mich. Zeichen sind für mich eine natürliche Folge meines Glaubens. Immerhin habe ich sogar meinen Job gekündigt, weil überall Zeichen aufgetaucht sind. Sie sind eine traumhafte Verbindung zu der größeren Kraft, die dich hält und begleitet. Und sie schenken so viel Vertrauen! Alles, was du tun musst, um Zeichen zu erhalten, ist, um sie zu bitten. Hier eine kleine Anleitung, damit du ab jetzt Verstärkung auf deinem Weg bekommst:

1. *Dein* Zeichen erhältst du in der Meditation. Es kann ein Tier sein, ein Wort, ein Symbol, was auch immer. Bewerte das, was dir in den Sinn kommt, nicht. Setze dich einfach hin, atme ruhig und bitte darum, dein Zeichen zu sehen. Dann versuche deinen Kopf leer zu halten. Was immer vor deinen Augen auftaucht – als Bild, nicht als Gedanke – ist dein Zeichen. Du magst anfangs unsicher sein, ob das, was dir in den Sinn gekommen ist, wirklich dein Zeichen ist. Vertraue dir. Das, was du vor deinen Augen im Augenblick der Ruhe siehst, ist dein Zeichen.

2. Nun stelle deine Frage, so klar du kannst. Bringe die mögliche Antwort in eine glasklare Verbindung zu deinem Zeichen. Stelle nur eine Frage, um nicht verwirrt zu werden. Frage so etwas wie: »Wenn ich das machen soll, schicke mir mein Zeichen.«

3. Dann warte ab und beobachte. Es ist wichtig, dass du Geduld behältst. Du brauchst nicht nach deinen Zeichen Ausschau zu halten. Sie fallen dir ins Auge, ohne dass du etwas tun musst. Sollte dir die Anzahl nicht reichen, dann bitte im Zweifel um noch mehr Zeichen. Wenn gar keine Zeichen auftauchen, ist auch das eine Antwort, wenn auch nicht die, die du vielleicht hören wolltest.

4. Vertraue den Zeichen und darauf, dass das Leben den perfekten Plan für dich hat. Wir meinen häufig, wir wüssten, was am besten für uns ist, und versuchen, etwas zu erzwingen. Das ist

nicht nur anstrengend, sondern verkompliziert alles eher.

5. Bedanke dich und handle entsprechend deines Zeichens.

Die Dinge, die für uns gemacht sind, entfalten sich mit einer wundersamen Leichtigkeit. Die auftauchenden ärgerlichen Hindernisse führen uns eher wieder zurück auf den für uns gedachten Weg. Es spielt also immer alles für uns und den größeren Plan, den es gibt.

Solltest du beispielsweise überlegen, in eine andere Stadt zu ziehen, bitte um ein Zeichen, ob das eine gute Idee ist. Folge gleichzeitig weiter deinen Plänen. Die Dinge werden sich leicht und fast freudig entfalten, wenn jetzt der richtige Zeitpunkt ist, sie zu verwirklichen. Wenn dir allerdings andauernd etwas dazwischenzukommen scheint, gibt es keinen guten Grund, es »durchzuziehen«. Wenn dann noch nicht dein Zeichen auftaucht und deinen Entschluss bekräftigt, lasse es lieber. Vielleicht ist jetzt gerade nicht der richtige Moment. Ich kann dir nur raten: Erzwinge nichts. Hektik oder Eile sind Anzeichen dafür, dass du dir nicht ganz sicher bist, aber die Unsicherheit nicht mehr aushalten magst. Du willst dann »Tatsachen schaffen«. Atme durch und entspanne dich. Bleibe im Vertrauen, das ist die Aufgabe. Denke: Das Leben meint es gut mit mir, und für das große Bild scheint es wohl besser, wenn das nicht so läuft, wie ich es geplant hatte.

Natürlich hast du trotzdem einen freien Willen. Du kannst also erzwingen, was du erzwingen willst. Die Wahrscheinlichkeit jedoch, dass dann alles etwas schwieriger wird und du dich mehr anstrengen musst, ist relativ groß. Manchmal jedoch zeigen dir deine Zeichen an, endlich etwas zu tun. Wie bei mir, als ich vor Jahren überlegt habe zu kündigen. Ich war sehr unentschlossen und hatte ziemliche Angst. Also habe ich um ein Zeichen gebeten. In einer Meditation tauchte plötzlich aus dem Nichts ein riesiger Elefant auf. Er sah mich ruhig an. Da wusste ich: Elefanten sind mein Zeichen. Mittlerweile sind noch andere Zeichen hinzugekommen, aber Elefanten sind noch immer besonders. Ich begann damals jeden Morgen mit der Bitte: »Wenn ich kündigen soll, schicke mir mein Zeichen.« Oh, und es kamen jede Menge Zeichen!

Elefanten wurden mir auf Postkarten geschickt, obwohl ich niemandem davon erzählt hatte. Ich sah Werbungen mit Elefanten oder T-Shirts. Aber ich hatte trotz all der Unterstützung noch immer Angst, nach Jahrzehnten als Angestellte den Sprung in die Selbstständigkeit zu wagen. Nachdem all die Elefanten nicht mehr zu ignorieren waren, entschieden mein Mann und ich nach einem Abend langer Diskussionen, dass ich am nächsten Morgen kündigen würde. Er ließ es mich sogar versprechen. Also wachte ich an besagtem Tag mit ordentlich Angst und Aufregung auf. Ich setzte mich ins Auto und bat ein letztes Mal: »Wenn ich das wirklich tun soll, dann schicke mir noch einen Elefanten.« Dann fuhr ich los. Da ich von unserer Wohnung nur eine kurze Strecke über die Autobahn in die Tiefgarage meines damaligen Arbeitgebers fahren musste, war die Wahrscheinlichkeit für Elefanten verschwindend gering. Ich fuhr los und plötzlich streikte die Playlist meines Streamingdienstes. Ich schaltete genervt auf das Radio um. Und worüber wurde just in diesem Moment geredet? Du ahnst es schon: über Elefanten. Ist das nicht wunderbar? Seit diesem Erlebnis bin ich mir sicher, dass überall Zeichen auf uns warten und das Leben wirklich einen Plan für uns hat. Und noch etwas war spannend damals: Bis ich wirklich gekündigt hatte, wirkte alles sehr unsicher. Nicht ein Auftrag weit und breit, weshalb so viel Ungewissheit in mir war. Innerhalb der ersten

Dieses Kartendeck ist das Superattractor-Deck von Gabby Bernstein

Woche nach meiner Kündigung hatte ich jedoch schon drei Folgeaufträge und langfristige Zusammenarbeiten für die Zeit danach. Ich konnte mich entspannen. Bis heute bin ich froh und weiß, dass meine Kündigung eine der besten Entscheidungen meines Lebens war. Allerdings hätte ich sie ohne Zeichen vielleicht nie gewagt.

Ziehe Karten
Eine weitere Möglichkeit, in Verbindung mit dem Universum (oder an was du glaubst) zu bleiben, ist das Kartenziehen. Es gibt so viele wunderschöne Kartendecks und du kannst eines wählen, das dir irgendwie über den Weg läuft und dich quasi innerlich anspringt. Ich habe mittlerweile eine stattliche Sammlung an Decks und nutze sie zu den unterschiedlichsten Anlässen. Karten geben keine eindeutigen Antworten, wie ein Zeichen, sondern weisen uns subtil auf Bereiche und Themen hin.

Du kannst zu verschiedenen Anlässen Karten ziehen:
- Unterstützung bei wichtigen Themen (»Was ist wichtig, hierbei zu beachten?«)
- Vollmond und Neumond
- Zum Beginn eines Tages, Monats, Jahres
- An wichtigen persönlichen Tagen (Hochzeit, Jahrestag, Todestag eines lieben Menschen)
- Zum Beginn von neuen Abschnitten (Start einer wichtigen Ausbildung, einer Reise etc.)

Das einfache Kartenziehen unterscheidet sich vom klassischen Tarot. Ich ziehe nur eine Karte pro Deck, es sei denn, es fallen zwei heraus oder ich greife, ohne dass ich es will, zwei Karten. Dann denke ich, es soll so sein, und behalte sie. Ich nutze diese Vorgehensweise:
- Ziehe deine Karten in einer ruhigen Atmosphäre. Komme also erst an, atme durch, verbinde dich mit deiner Intention.
- Lege dann die Karten wie einen Fächer vor dir

aus oder mische sie bunt durcheinander auf dem Tisch oder Boden.
- Atme durch und tauche ein in das Gefühl von Dankbarkeit. Fülle zu fühlen ist wichtig, um mit unseren spirituellen Führern und unserem Glauben in Kontakt zu treten.
- Ziehe mit links deine Karte, während du intensiv an deine Frage oder den Anlass denkst.
- Schaue deine Karte an und meditiere einen Moment über ihre Bedeutung. Was ist die Botschaft für dich in deiner jetzigen Situation?

Ich weiß, dass sich das mit dem Kartenziehen ein wenig verrückt anhören mag, genau wie die Sache mit den Zeichen. Solltest du also skeptisch sein, habe keine Panik. Aus den verschiedenen Methoden, die du hier an die Hand bekommst, kannst du selbst die wählen, die am besten zu dir passen. Ich habe Jahre gebraucht, bis ich daran glauben konnte. Mittlerweile ist dieses feste Ritual jedoch eine stärkende Praxis für mich geworden, die mir Mut macht. Ich kann dir also nur empfehlen, es auch zu versuchen.

Höre auf deine innere Stimme

Zu guter Letzt noch etwas zu dem wichtigsten Kompass und Ratgeber in dir: deiner inneren Stimme. Du kannst mit deinem wahren Selbst kommunizieren, wenn du magst. Ich nenne diese Stimme dann meine innere Stimme. Das Beste daran ist, dass du so in direkten Kontakt mit der unendlichen Weisheit, Liebe und Klarheit dieser Dimension kommst. Deine Seele kennt deine Aufgabe in diesem Leben und gleichzeitig kennt sie deine tiefsten Sehnsüchte und Träume. Sie ist daher perfekt, um Rat einzuholen. Diese Verbindung ist bei mir erst vor einigen Jahren entstanden.

Ich saß in der Nacht vor meinem Geburtstag allein in einem Hotel, um eine Fortbildung zu besuchen. Meine Meditationspraxis fühlte sich gut an, aber ich hatte das Gefühl, dass etwas fehlte. Also bat ich am Abend vor meinem Geburtstag aus tiefstem Herzen, meine innere Stimme hören zu können. Ich war immer noch hin- und hergerissen, ob ich an all das wirklich glauben sollte. Meine Familie ist nicht sehr spirituell, und so hatte ich Sorge, mir etwas einzureden. Nichts passierte und ich ging schlafen. Als ich am nächsten Morgen in meiner Meditation saß, fragte ich erneut innerlich in die Stille: »Hast du eine Botschaft für mich? Plötzlich ertönte eine sehr laute Stimme: »Weniger tun!« Die Worte hallten so laut, dass ich die Augen aufriss und mich umsah, doch ich war immer noch allein.

Wenn du auch Lust bekommst, deine innere Stimme zu hören, dann beginn mit einer regelmäßigen Praxis des Fragestellens. Nachdem ich dieses wundersame Erlebnis hatte, blieb es in mir wieder lange still. Ich denke, das lag daran, dass ich nach diesem Moment unbedingt wollte, dass es wieder geschah. Aus der Not heraus begann ich zu schreiben, und das funktionierte wunderbar. Bis heute schreibe ich täglich frei und ohne Ziel in ein kleines Büchlein, und das gleich morgens, nach der Meditation. Ich leere meinen Kopf und die Worte entstehen irgendwo anders in mir.

Mit der Zeit wirst du geübter werden, wenn du es auch versuchst. Natürlich gibt es immer noch Morgen, wo nichts passiert. Diese genauso wertvoll zu finden wie die Botschaften, ist die eigentliche Kunst, da sich sonst Anspannung in den Prozess einschleicht und ihn im Keim erstickt. Wenn Worte entstehen, lese ich sie später ganz in Ruhe durch. Es sind so liebevolle, klare Impulse für meinen Weg, dass ich dich nur ermutigen kann, auch in Kontakt mit deinem wahren Selbst zu gehen.

ÜBUNG 28: DIE INNERE STIMME HÖREN

Diese Übung ist einfach und doch schwierig, denn sie erfordert, dass du eine klare Intention hast, ohne am Ergebnis anzuhaften. Du freust dich quasi, wenn Botschaften kommen, bist aber genauso glücklich, wenn nichts kommt. Dieses Loslassen von Ergebnissen darfst du üben und dich freuen, wenn etwas kommt.

- Setze dich aufrecht hin und habe ein Büchlein und einen Stift griffbereit. Stelle deinen Timer auf 5–20 Minuten.

- Atme tief, schließe die Augen und komme zur Ruhe. Mir hilft es, durch die Nase einzuatmen und tief und lang durch den Mund auszuatmen.

- Während du so atmest, stellst du dir vor, dass deine Aufmerksamkeit aus deinem Kopf in deinen Herz- und Bauchraum gleitet. Es ist, als könntest du in dir abtauchen und deinen Kopf mit all seinen Gedanken an der Oberfläche lassen.

- Wenn eine tiefe Ruhe da ist, höre genau hin. Warte auf die Impulse in der Stille. Sei geduldig und beruhige deinen Geist, wenn er die ungewohnte Pause etwas nervös aufnimmt.

- Wenn dein Timer klingelt, schnappe dir dein Journal und beginne zu schreiben. Ich habe von der amerikanischen Autorin Gabby Bernstein gelernt, zu Beginn den immer gleichen Satz der Anerkennung zu schreiben: »Innere Stimme, Führer der höchsten Liebe und Wahrheit, danke, dass ihr mich wissen lasst, was ich wissen muss.« Danach warte ich ab. Du kannst deinen eigenen Satz finden, diesen verwenden oder ohne Satz weitermachen.

- Warte jetzt ab und lerne zu unterscheiden. Es gibt Impulse, die kommen aus den Gedanken in deinem Kopf, sie sind meist etwas unruhiger und häufig in der Ich-Form. Warte auf Impulse aus deinem Bauch- und Herzraum. Häufig sind diese in der Du-Form. Bei mir ist es so, als würden sich die Worte in meinem Bauchraum bilden. Schreibe auf, was auch immer kommt.

Wiederhole die Übung mindestens 40 Tage, um die Verbindung zu deiner inneren Stimme und deinen geistigen Führern zu stärken.

Dein inneres Ja ist so etwas wie dein inneres Zeichen.

Neben den klaren Botschaften deiner inneren Stimme verfügst du auch über einen inneren Kompass, der noch leichter zu finden ist. Dieser Kompass zeigt dir den richtigen Weg, wenn du lernst, ihn zu lesen. Dass dich deine Gedanken und Muster nicht unbedingt dahin führen, wo es am einfachsten und besten für dich ist, weißt du schon. Gedanken sind immer Impulse, die deine Erfahrungen und Konditionierungen spiegeln. Lässt du zu, dass sie dich bei deinen Entscheidungen beraten, wiederholst du zumeist bisherige Erfahrungen und wunderst dich warum.

Dein Kompass sitzt woanders, nicht in deinem Kopf, sondern in deinen Gefühlen. Hier ist es allerdings wichtig zu differenzieren: Gefühle entstehen auch aus Gedanken. Wir dürfen darum erst lernen, wirklich in uns hineinzufühlen. Solltest du mittlerweile schon ein wenig oder sogar richtig viel Meditationspraxis haben, wird es dir leichter fallen, deinen Kompass zu finden. Jede Meditation ist wie ein kleines Training, deine Gedanken zum Stillstand zu bringen. Je öfter du trainierst, umso einfacher wird es.

Du kannst deinen Kompass aber auch fühlen lernen, ohne eine große Meditationspraxis.

Die Schritte sind einfach. Zuerst einmal lernst du zu erkennen, wie sich ein echtes »Ja!« in dir anfühlt:

- Setze dich in Ruhe und aufrecht hin und atme einige Male tief ein und aus. Schließe deine Augen. Finde deine innere Ruhe.
- Denke an einen Augenblick aus deinem Leben, indem du genau wusstest, dass alles gut ist und wird. So ein goldener Moment, in dem du völlig sicher warst. Dies kann ein Augenblick sein, der eigentlich gar nicht von großer Bedeutung schien, sich jedoch innerlich wie ein echtes »Ja!« anfühlte.
- Wenn dir ein Moment einfällt, dann tauche dort ganz ein. Genau so, wie du es in der Praxis des Ankerns gelernt hast, willst du alles sehen, was du damals gesehen hast, in den schönsten und klarsten Farben. Du willst hören, was es zu hören gab, und vielleicht sogar riechen und schmecken. Dann fühle in deinem Körper, wo du diesen Moment am meisten wahrnehmen kannst. Wo kannst du fühlen, dass damals alles für einen Augenblick genau richtig war? Verbinde dich mit diesem Punkt in deinem Körper.

Mein Zeichen ist der Elefant, was ist deins?

- Bleibe bei dem guten Gefühl und lasse das Bild des erinnerten Augenblicks verschwinden.
- Das Gefühl ist dein Kompass. So fühlt sich ein »Ja!« an.

Ich kann mein inneres Ja in dem Bereich zwischen Herz und Bauch fühlen. Es dehnt sich aus und strahlt nach außen. Ich fühle es, wenn ich an meine Eltern denke oder an die ersten Momente im Leben meiner Kinder. Wenn mein Mann meine Hand nimmt, fühle ich es, oder auch, wenn ich an meinen Beruf denke. Jeder von uns hat so einen Kompass, so ein inneres Ja. Er fühlt sich bei jedem ein wenig anders an, aber bisher habe ich ihn noch bei jedem Menschen finden können. Hab daher Geduld, sollte es beim ersten Üben noch nicht klappen. Ist das Gefühl erst da, kannst du es sogar befragen. Aber Achtung: Deine Gedanken werden deinen Kompass und seine Richtigkeit bezweifeln. Unser Geist mag nicht übergangen werden, denn das aktiviert seine Angstprogramme.

Ich befrage meinen Kompass vor allen wichtigen Entscheidungen und bin manchmal überrascht, wie die Antworten ausfallen. Zuletzt ging mir das so, als ich mich in die ätherischen Öle einer amerikanischen Firma verliebt hatte, die mit Networkmarketing arbeitet. Ich habe diese Vertriebsform schon immer abgelehnt und war zudem beschäftigt, die ersten Kapitel dieses Buches zu schreiben. Rein vom Verstand her gab es also keinen Grund, irgendetwas neu anzufangen. Doch mein Kompass riet mir zu starten. Es war wirklich spannend zu sehen, wie mein Geist lauter abwehrende Gedanken und Gefühle produzierte, während in jeder meiner Kompassübungen die Antwort glasklar war. Natürlich bat ich auch um Zeichen, die ebenfalls erschienen. Es war klar, was ich tun sollte. Ich stieg also, etwas widerwillig und während die Frist für die Abgabe dieses Buches näherkam, in das Ölbusiness ein. Heute, nur wenige Monate nach dieser Entscheidung, bin ich einfach nur dankbar. Ich habe tolle Frauen kennengelernt und alles hat sich in absoluter Leichtigkeit entfaltet. Zudem retteten mich die neuen Einkünfte über die Zeit voller Seminarabsagen während des Corona-Lockdowns. Für mich war gesorgt. Meine innere Stimme hatte also nur Gutes im Sinn, während mich meine eigenen Vorurteile und Schubladen fast abgehalten hätten.

ÜBUNG 29: FRAG DEINEN KOMPASS UM RAT

Der Ablauf, mit dem du deine innere Stimme in den Vordergrund holst, sollte anfangs immer der gleiche sein, damit sich eine Routine einstellen kann.

- Sitze aufrecht an einem ruhigen Ort, schließe die Augen und atme ein paarmal tief durch. Finde deinen Weg zur inneren Ruhe, während du weiter entspannt atmest.

- Verbinde dich mit deinem inneren Ja-Gefühl, deinem Kompass. Du kannst hierzu deine wunderbarsten, goldenen Momente nutzen oder dich erinnern, wo du das Gefühl fühlen konntest, und es sanft in dir aufrufen.

- Sobald du es gut fühlen kannst, beginne es noch ein wenig wachsen zu lassen. Dies machst du, indem du dich völlig auf das Gefühl und die Körperstelle konzentrierst.

- Nun beginne dir selbst Fragen zu stellen und zu beobachten, ob dein Gefühl weniger oder mehr wird. Expandiert es, ist es ein Ja. Wird es weniger oder beschränkt sich, ist es ein Nein.

- Du kannst anfangs ein wenig spielen, um sicherer zu werden. Für dieses Training kannst du …

  … an einen Menschen denken, den du magst, und dein Gefühl beobachten.

  … an einen Menschen denken, den du nicht so magst, und dein Gefühl beobachten.

  … einen Ort, den du liebst, als inneres Bild aufrufen und fühlen, was passiert.

  … einen Ort aufrufen, an dem du dich nicht so wohlfühlst. Spüre auch hier, was passiert.

- Wenn du ein Gefühl für das Ja und Nein in dir bekommen hast, dann beginne zu deinem Leben oder zu kommenden Entscheidungen deine Fragen zu stellen. Denke an dein Thema und stelle eine klare Ja-Nein-Frage. Dann beobachte, ob dein Gefühl sich ausdehnt und mehr wird (Ja) oder abklingt (Nein).

- Achtung: Deine Gedanken werden, besonders am Anfang, wie verrückt versuchen mitzumischen. Beobachte das, ohne es zu verurteilen. Es ist für deinen Geist ungewohnt und es macht ihm Angst, dich nicht auf Gefahren hinweisen zu können. Du betrittst Neuland. Also atme, beobachte, was passiert, und bleibe im Vertrauen, dass irgendwann dein Kompass und seine Antworten für dich glasklar lesbar sein werden.

Wenn wir mit dem Fluss des Lebens fließen möchten, statt uns im Hamsterrad abzustrampeln, können wir lernen,
 mit dem Wind zu segeln. Das bedeutet, wir wissen, wohin es gehen soll, und gleichzeitig werden wir nicht unsicher, wenn der Wind für uns anders steht. Wer segelt, nutzt nicht den geografisch schnellsten Weg, sondern den Wind. Am Ende ist das trotzdem weniger anstrengend, als wenn man rudern würde. Übersetzt heißt das: Wenn wir etwas erreichen wollen, egal auf welchem Gebiet, dann haben wir die Wahl, ganz auf unsere eigene Kraft zu setzen oder den Schwung des Lebens zu nutzen. Das ist der Unterschied zwischen einem strategischen Plan und der Kunst des Manifestierens.

Manifestiere deine beste Zukunft
Jeder von uns hat Träume und Sehnsüchte, ich habe sie und du auch. Deine Sehnsüchte zeigen dir, was dir gerade fehlt oder was zu kurz kommt in deinem Leben. Zu wissen, was deine Sehnsucht ist, ist ein wichtiger Schritt. Es ist, als würdest du festlegen, wohin du segeln willst.
Wir alle haben Ideen für unsere Zukunft, haben Sehnsüchte und Wünsche. Es ist wichtig zu unterscheiden, was du denkst, haben zu müssen, und welches Gefühl du dir dadurch erhoffst. Wir alle haben jede Menge Zusammenhänge gelernt. Wir denken, wir brauchen X, um Y zu fühlen. Frage dich daher bei all deinen Wünschen: Welches Gefühl steckt dahinter? Ich habe beispielsweise lange Zeit sehr viele schicke Zeitschriften gekauft. Ich konnte nicht anders, es war fast wie eine kleine Sucht. Bis mir dämmerte, dass ich nicht die Zeitschrift so unbedingt wollte, sondern das, wofür sie stand. Jedes Mal wähnte ich mich entspannt auf der Couch oder dem Balkon, ganz in Ruhe diese Zeitschrift lesend. Je mehr Stress ich hatte, umso mehr wuchs meine Lust auf Zeitschriften. Ich saß nämlich viel zu selten auf der Couch. Frage dich daher, wofür deine Wünsche stehen. Ein Haus kann zum Beispiel Sicherheit bedeuten oder Ankommen. Du darfst diese Sachen gern trotzdem weiter auf deiner Wunschliste haben, als Leitstern taugt die Ebene der Gefühle jedoch viel mehr.
Leitsterne sind Träume und Wünsche, die sich nach Expansion und purem Glück anfühlen. Das können Dinge sein wie »Ich folge meiner Leidenschaft« oder »Ich entdecke die Welt«. Auch Sehnsüchte, die aus der momentanen Situation erwachsen, sind wunderbar. Als ich noch angestellt war, habe ich irgendwann begonnen, von größerer Selbstbestimmung zu träumen. »Ich will frei sein, mich frei fühlen« war meine größte Sehnsucht. Solche Wünsche entstehen aus dem Kontrast, den wir gerade in unserem Leben erleben. Esther Hicks[36] schrieb gemeinsam mit dem nicht physischen Geistwesen Abraham: »Die

Vielfalt, die in dieser Welt herrscht, hilft dir eigene Wünsche und Vorlieben zu entwickeln.« Deine Vorlieben sind für deinen Leitstern wichtig. Natürlich solltest du dich nicht zu sehr auf sie versteifen, da das wiederum Leid bedeuten könnte. Du weißt schließlich nicht, wie das Leben fließt. Trotzdem willst du deine Wünsche als Richtungsgeber nutzen. Ich liebe es, mir ein Visionboard anzufertigen. Hierauf klebe ich alle möglichen Bilder, die für mich widerspiegeln, wie ich mich fühlen will. Diese Boards enthalten nicht nur, was ich haben will, sondern vor allem, wie ich mich noch mehr fühlen will. Auf meinem momentanen Board sieht man einen See und einen Baum, fast so, als würde man vom Schatten aus auf den See schauen. Menschen lachen miteinander, und eine Frau, die schläft, ist zu sehen, aber auch eine, die arbeitet. Das ist mein Leitstern gerade: Ich will zu einem Leben segeln, das sich nach Verbundenheit und Entspannung anfühlt. Eines, in dem ich schreiben kann und genügend Platz für faule Momente bleibt, in denen ich mich ausruhe.

Um deine Träume wahr werden zu lassen, reicht es meiner Ansicht nach nicht, jeden Morgen die Bilder deiner erträumten Zukunft zu visualisieren und zu fühlen, wie das sein wird. Du brauchst zudem Aktionen. Achte bei deinen Aktionen auf eine positive Energie. Ich nenne das »Hin-zu«-Energie. Sie entsteht immer aus der Fülle, nie aus dem Mangel. Aus einem Mangel- oder Opferbewusstsein entsteht immer nur eine »Weg-von«-Energie. Die ist wichtig, um sich auf den Weg zu machen. Weg-von macht es uns ein wenig ungemütlich, da, wo wir gerade sind, sodass wir uns bewegen. Dissonanz haben wir das vorn genannt. Sobald aber der Impuls da ist und die Bewegung begonnen hat, musst du zu Hin-zu wechseln. Weg-von hat eine Fluchtenergie. Bei ihr wissen wir lediglich, was wir nicht wollen.

Hin-zu weiß jedoch, wohin es gehen sollte. Hin-zu hat dieses zuversichtliche, strahlende Bild, diese Idee, die sich grandios anfühlt. Du brauchst also nur zu wissen, wie du dich fühlen willst, und darfst dann dem Leben vertrauen, dein Bild zu konkretisieren. Das klappt erstaunlich gut: Als ich vor Jahren in einer Coachingübung überlegen sollte, wie mein bestes Leben in drei Jahren aussehen würde, sah ich mich in Yogasachen in einem großen Raum stehen. Ich lehnte am Fenster. Damals fand ich, dass ich in diesem inneren Bild so entspannt und glücklich aussah, und ich wusste: Das ist es. Mir war damals überhaupt nicht klar, was ich konkret machen würde, geschweige denn, wie man davon würde leben können, aber ich konnte in jeder Pore fühlen, dass das Bild meinen Weg gezeigt hat. Das Ja war spürbar. So ist das mit dem Leitstern. Hab ihn nicht zu konkret, fühle ihn lieber richtig.

ÜBUNG 30: VISUALISIERE DEINEN LEITSTERN

Für diese Meditation sitze aufrecht und habe etwas zu schreiben parat. Achte darauf, dass du die Bilder nicht mit deinen Gedanken suchst, sondern dich überraschen lässt, was sich dir zeigt.

- Atme tief, schließe die Augen und beginne, deine Aufmerksamkeit in dir zu zentrieren. Beobachte innerlich deinen Bauch, wie er sich hebt und senkt.

- Nun stelle dir vor, du stündest auf einem wunderschönen Weg. Ein Weg, den man gern entlanggehen will. Betrachte deine Umgebung und entspanne weiter.

- Gehe ein paar beherzte Schritte nach vorn, bevor du wieder stehen bleibst. Du bist nun 3 Jahre weiter, 3 Jahre älter und das Leben hat es gut mit dir gemeint. Lasse Bilder entstehen, wie dein Leben aussehen wird. Fühle die Zuversicht und schaue dir die Bilder an. Wie siehst du aus und wo bist du, wenn alles wunderbar läuft?

- Dann gehe erneut ein paar Schritte und halte inne. Nun bist du 10 Jahre weiter und weiterhin hat es das Leben richtig gut mit dir gemeint. Alles ist genau so gekommen, wie du es gebraucht hast. Lasse erneut Bilder entstehen und sieh dich selbst in deiner besten Zukunft.

Auf der nächsten Seite geht es weiter ⟶

- Gehe noch einmal weiter nach vorn und bleibe wieder stehen, um zu schauen. Du bist nun ein alter Mensch, voller Glück ,Zufriedenheit und Dankbarkeit, weil das Leben es so gut mit dir gemeint hat. Wie sieht es aus, wenn du alt bist und so glücklich? Lass wieder Bilder in dir entstehen.
- Dann atme durch. Fühle, dass die ältere Version von dir einen Ratschlag für dich hat. Was kannst du beachten, damit alles so gut laufen kann?

Diese Meditation entfaltet ihre volle Wirkung, wenn du sie regelmäßig übst. Übe sie einen Monat lang. Manifestieren funktioniert, indem du jeden Morgen einen Moment in die besten Bilder aus dieser Reise eintauchst. Wie fühlen sich diese Momente an? Fühle sie so, als wäre all das jetzt schon wahr. Dann tauche ein in Dankbarkeit darüber, wo du heute bist. Auch jetzt schon wird es Momente geben, in denen du dich so gut fühlst.

Im Quantenfeld, sagt man, existieren alle Möglichkeiten und Alternativen bereits. Über unsere Aufmerksamkeit und unseren geistigen Fokus können wir dafür sorgen, dass Dinge wahrscheinlicher werden. Zum einen programmieren wir unser Unterbewusstsein auf das, was wir wollen, und zum anderen geben wir unseren Wunsch ans Universum ab. Das Erstere ist wichtig, da wir, egal wie bewusst wir werden, weiterhin einen Teil unseres Tages unbewusste Entscheidungen treffen werden. Je mehr unsere gewünschte Zukunft in unserem Unterbewusstsein programmiert ist, umso wahrscheinlicher wird, dass wir auch bei unbewussten Entscheidungen den richtigen Weg einschlagen. Abraham sagte zudem durch Esther Hicks, dass jede energetische Frequenz eine Bestellung ans Universum ist. Wir alle haben eine Schöpferenergie, die sich entfaltet, wenn wir sie bündeln. Hierzu ist es wichtig, in der Hin-zu-Energie zu bleiben, da wir sonst immer in der Energie des Mangels und des jetzigen Stresses bleiben. Es ist wichtig, dass wir lernen, all das zu fokussieren, was sich jetzt schon so gut anfühlt. Da ich mir mehr Entspannung wünsche, verweile ich also dankbar in Momenten voller Zeit und Gelassenheit, denn es gilt: Je besser wir uns fühlen, desto mehr Gutes ziehen wir an. Bitte beachte jedoch, dass dies nicht bedeutet, dass du negative Gefühle wegdrücken sollst. Vielmehr ist dies eine Verstärkung des Auftrags, gut für dich zu sorgen.

In welcher Energie du bist und was du fokussierst, gestaltet deine Zukunft. Je besser deine Energie ist und je mehr du darin schwelgst, was du dir für dich wünschst, umso besser deine Zukunft.

Als ich damals von mir auf dem Yogaweg geträumt habe, wusste ich nicht, was passieren würde. Aber das Bild von mir selbst in meinem Kopf hat mich motiviert. Als die Fotografin dieses Buches, Miriam[37], vor Jahren die ersten Bilder von mir gemacht hat, sah ich mein inneres

Alles beginnt mit einem Samen, den wir säen.

Bild auf einem der Abzüge. So ist das mit dem Universum. Mittlerweile gehören Visualisierungen zu meiner täglichen Praxis. Vieles von dem, was ich mir gewünscht habe, ist wahr geworden. Doch es kam immer anders, als ich gedacht hatte. Also, segle mit dem Wind und bleibe im Vertrauen, dass alles genau so kommt, wie es kommen soll. Was auch bedeutet, den jetzigen Moment zu ehren. Wenn wir die Zukunft zu sehr herbeisehnen, wird jeder Moment nur ein Werkzeug, um woanders hinzugelangen. Hektik und Ungeduld machen sich dann breit. Vertrauen ist wichtig, um das Hier und Jetzt zu genießen.

Schritt für Schritt ins Licht
Das Leben im Licht bedeutet das eigene Wohlbefinden in den Vordergrund zu stellen. Körper, Geist und Seele wollen in Einklang sein, und dies als erstes Ziel zu akzeptieren, hat nichts mit Egoismus zu tun. Wir können erst befreit auf andere zugehen und Gutes geben, wenn wir gut für uns sorgen. Wir müssen unser Herz erst einmal fühlen, damit es uns leiten kann. Oder, wie man so schön sagt: Eine leere Kanne kann nichts eingießen. Wollen wir, dass es der Welt besser geht, dann können wir nur bei uns selbst beginnen. Jeder von uns ist Teil der herbeigesehnten großen Veränderung. Wenn wir unser Licht in die Welt tragen, verändert sich die Welt. Sie kann nicht anders. Vergiss nicht: Jeder Moment, den du bewusst bist und in dem du die Fülle dieses Augenblicks und seine Schönheit wahrnehmen kannst, ist ein Schritt zur Heilung. Du bist liebendes Bewusstsein, eine Seele auf einer Reise. Du bist nicht dieser Körper, sondern du nutzt diesen Körper, bewohnst ihn für eine Zeit. Wann immer du kannst, wechsle zur Ebene des Lichts und damit zur Liebe. Suche dafür die guten Dinge in deinem Leben. Konzentriere dich auf das, was dir Spaß macht. Geh dahin, wo es leicht ist. Nicht, weil du faul bist, sondern weil du am besten bist, wenn du Freude fühlst.

10. Gemeinschaft leben

Die Yogaschülerinnen in unseren Ausbildungen sind nach Lehrwochenenden immer ein wenig traurig, nun die »Yogablase« verlassen müssen. Was toll ist, denn es zeigt, dass es neben den Beziehungen, bei denen wir auf der Hut sind, auch Beziehungen gibt, in denen wir uns angenommen fühlen. Und da wir längst wissen, dass die Veränderung immer mit uns selbst beginnt, wird es Zeit, mehr von der zweiten Art Beziehung zu kreieren, oder? Jeder Revolution im Außen geht eine Revolution im Inneren voraus. Also, wie sieht die Revolution aus, die diese Welt freundlicher macht und uns in guten Gemeinschaften schwelgen lässt?

Eckart Tolle[38] sagt: »Wenn du denkst, du bist erleuchtet, geh eine Beziehung ein und besuche deine Eltern für ein Wochenende«, und ich denke: Ja. Es ist eine Sache, im inneren Frieden zu sein, wenn wir mit uns allein sind, und die andere, wenn wir in Beziehungen sind oder die Menschen sehen, die uns großgezogen haben. Was unter anderem daran liegen könnte, dass sich unsere Muster miteinander verschalten. Besonders häufig haben wir diese sogenannten kalibrierten Schleifen zum Beispiel bei unseren Eltern und Geschwistern oder auch in langjährigen Partnerschaften. Etwas spielt sich aufeinander ein, und das nicht immer im besten Sinn. Je länger wir jemanden kennen, umso eher tendieren wir dazu, alte Rückschlüsse zu wiederholen. Dann wird ein »Alles gut bei dir?« in unserem Kopf möglicherweise in ein »Schau doch nicht so miesepetrig!« übersetzt. Und das nur, weil wir diesen Vorwurf irgendwann abgespeichert haben. Aber auch ohne solch enge Bande und lange gemeinsame Geschichten bilden sich die unterschiedlichsten Gemeinschaften.

SEI EIN GUTER MENSCH

Dein Umfeld ist dein Lernprogramm und nicht unbedingt für dein Glück verantwortlich. Das ist eine gute Annahme, um nicht unnötige Erwartungen herumzutragen, die dein Umfeld stressen und ihnen Dinge abverlangen, die sie gar nicht selbst geben wollen. Was nicht heißt, dass du dir alles gefallen lassen musst. Du darfst eine klare Grenze ziehen, dazu aber später mehr. Erstmal ist es wichtig zu verstehen, wo du Erwartungen und Vorstellungen hast, von denen du nur ungern abrücken magst. Alle Streitpunkte, die du im Außen hast, setzen eine Position in deinem Inneren voraus. Die Aufregung in dir entsteht, wenn deine Vorstellungen oder Erwartungen nicht zu deiner Realität passen. Nimm, um herauszufinden, was los ist, den gesamten Ablauf, alles im Prozess, unter die Lupe und finde die inneren Stressverstärker. Gleichzeitig bedeutet diese Art Beziehungsarbeit, aus dem Spiel von Täter und Opfer, Anklage und Verteidigung auszusteigen.

Solltest du Menschen haben, die dich mit ihrem Verhalten oder ihren Bemerkungen blitzschnell immer wieder auf die Palme bringen, räume erst einmal in dir auf, um Klarheit zu finden Danach kannst du noch immer deine Grenze ziehen oder Veränderungen von anderen einfordern.

Frage dich:

- Was passiert wirklich? Konzentriere dich hier auf die reine, beobachtbare Handlung. Nutze jetzt die Technik des Dissoziierens, sodass du

dich selbst in der Szenerie betrachten kannst. Fokussiere dich auf beobachtbare Fakten und ihre Folgen.
- Was denke ich alles darüber? Nun schreibe dir auf, was du alles dazu denkst. Es gibt eine Menge Gedanken, die wir haben, wenn wir uns aufregen. Schreibe die ganzen inneren Wahrheiten und Regeln auf, die das Verhalten oder die Worte der anderen Person in dir auslösen. Es ist wichtig, dass du hier schonungslos ehrlich zu dir selbst bist.
- Unterstreiche die Sätze, die dich am meisten aufregen. Dann arbeite mit ihnen. Es ist wichtig herauszufinden, warum du so sehr haderst. Ich nutze hierfür gern die »The Work«-Technik von Byron Katie.
- Sobald du verstanden hast, welche Wunde in dir den Schmerz in der aktuellen Situation auslöst, kannst du dich um sie kümmern und sie heilen.

Je mehr wir verstehen, wo wir mit uns selbst noch im Unreinen sind, umso mehr sehen wir unser Ego in Aktion. Das ist immer der Moment, in dem wir uns aus seinen Klauen befreien können. Das Ego erzählt sich eine verzerrte Geschichte zu allem. Es ist wichtig, es zu entlarven, ohne sich schuldig zu fühlen.

Wir alle haben ein Ego, das macht uns menschlich. Unser wahres Selbst jedoch hat nichts damit zu tun. Es braucht weder Angriff noch Verteidigung. Der metapyhsische Text, »Ein Kurs in Wundern«[39], sagt über Gedanken und die Unruhe, die sie bringen: »Ich habe allem, was ich sehe, die gesamte Bedeutung gegeben, die es für mich hat.« Das ist so weise. Wir selbst erzählen uns die Geschichte, die den Groll und Ärger in uns auslöst. Haben wir eine emotionale Resonanz in unserem Inneren, so sagt das immer auch etwas über uns. Ich glaube, jeder kennt das: Manchmal bekommen wir einen Vorwurf und er prallt einfach ab. Wir wissen, dass das ausgemachter Blödsinn ist. Wir bleiben in unserem inneren Frieden und können in aller Ruhe antworten. Andere Vorwürfe treffen uns schwer, und das bedeutet, dass etwas in uns sich angegriffen fühlen konnte. Angriff kann nur von unserem Geist oder besser von unserem Ego gefühlt werden. Unser wahres Selbst, unsere Seele, sieht immer das Licht im anderen. Das Ego ist in manchen Momenten einfach lauter.

Sehe Wunder statt Angriff
Im Kurs in Wundern sind Wunder die Augenblicke, in denen wir von der Sicht unseres Egos auf die liebende Sicht unseres wahren Selbst wechseln können. Jedes dieser Wunder schenkt uns Frieden und bringt ein wenig mehr Liebe und Licht in die Welt. Keine kalibrierte Schleife hat eher die Chance, sich hochzuschaukeln, wenn wir bewusst bleiben. Was eine hohe Kunst ist, und ich will nicht sagen, dass ich sie beherrsche. Aber der Blickwinkel tut unendlich gut. Du erkennst an ein paar typischen Merkmalen, dass dein Ego übernommen hat:
- Du fühlst dich angegriffen, verurteilt, schlecht behandelt.
- Du bist ohnmächtig. Du fühlst dich ausgeliefert, manchmal sogar kleiner als ein Kind.
- Du siehst nur noch die Unterschiede und die Distanz zu anderen.
- Du entwickelst innere Ängste und Sorgen, die alles nur noch dramatischer machen und deine Gedanken noch mehr auf Trab halten.
- Es ist für dich total klar, wer hier der/die Schuldige ist.
- Etwas fehlt dir. Du fühlst echten Mangel durch das, was passiert.
- Du willst unbedingt etwas tun, um die Situation wieder in den Griff zu kriegen.

- Die Situation macht dich müde und strengt dich an.

»Wunder werden im Licht gesehen«, sagt der Kurs wobei mit dem Licht gemeint ist, dass wir uns erinnern, was und wer wir wirklich sind. Kennst du den bekannten Satz des Sufi-Mystikers und Dichters Rumi[40]? Er sagt: »Du bist kein Tropfen im Ozean, du bist der gesamte Ozean in einem Tropfen.« Unser wahres Selbst ist ein Teil des Universums. Es ist ohne Angst und sieht daher alles so, wie es ist. Nur unser Ego hat eine Geschichte und ein Drama und sieht sich getrennt von allem, wehrlos. Unser wahres Selbst ist ein Raum voller Vertrauen und die Gedanken deines wahren Selbst spiegeln das wieder:

- Ich bin jederzeit verbunden und geliebt.
- Ich vergebe mir und allen anderen.
- Die Liebe ist das Einzige, was zählt und wirklich ist.
- Alles ist in Ordnung.
- Ich gestalte mein Leben und verwirkliche meine Träume.
- Ich vertraue auf den Fluss des Lebens.
- Der/Die andere bin ich.
- Ich lerne und wachse mit jeder Erfahrung.
- Alles passiert zum Besten für alle.
- Nichts kann mir fehlen, ich habe alles.

Die Welt durch die Augen unserer Seele zu sehen, bringt sofortigen Frieden. Das ist das Wunder und das Ende von Kampf. Hierzu jedoch lernen wir, unsere Gedanken zu verstehen und uns selbst nach und nach von den Wunden unserer Vergangenheit zu heilen. Kein anderer kann das für uns tun. Geben wir diese Aufgabe nach außen und verlangen, dass uns jemand anders glücklich machen soll, so landen wir immer wieder im gleichen Ablauf. Wir kreieren wieder und wieder das gleiche Leid, bis wir heilen.

So bleibst du entspannt und gelassen
Wie schaffen wir es im Alltag mit anderen, entspannt, gelassen und gegenwärtig zu bleiben? Neben der Praxis, die du weiter vorn gefunden hast, hilft es zu erkennen, wann das Ego in Aktion ist. Jede Diskussion um die »richtigere« Sichtweise ist eine Diskussion der Egos miteinander. Manchmal mag es sinnvoll sein, mit Menschen Argumente auszutauschen, aber sobald wir emotional werden, ist der Schmerzkörper aktiv. Es tut daher gut zu diskutieren, ohne sich aufzuregen. Oder auch sich zu beschweren, ohne gleich ein Drama daraus zu machen. Das ist nicht immer so leicht, weil wir die Dinge schnell persönlich nehmen.

Ich liebe dazu die Geschichte vom Kellner, die ich einmal bei Eckart Tolle in einem Podcast gehört habe (und die ich versuche, so gut ich kann wiederzugeben): Bekommen wir in einem Restaurant eine zu kalte Suppe serviert, können wir auf zwei Arten reagieren: Unser Ego mag sich eventuell aufregen und ist verärgert. »Wieso passiert mir das immer?«, schimpft es. Es holt den Kellner heran und gibt dem Ärger Ausdruck. Selbst Tage später noch, kann es schimpfen und das Restaurant verdammen. Ohne das Ego gibt es keine Geschichte, nur eine kalte Suppe. Sie hat nichts mit uns persönlich zu tun. Sie ist einfach kalt und wir mögen sie lieber warm. Die Verbindung mit unserer Person und unserem persönlichen Leid erschafft erst die Emotion. Wir können auch ganz einfach und sachlich, ohne offenen oder unterdrückten Ärger, auf die Suppe hinweisen und um eine warme Version bitten – ohne weitere innere oder äußere Geschichte. Gelassenheit ist immer dann möglich, wenn wir gegenwärtig sind. Wenn wir spüren und beobachten, statt sofort jedem Impuls nachzugeben. Tiefer Atem hilft mir hierbei sehr, also im Zweifel übe noch mehr Pranayama. Was mir auch hilft, ist das sanfte klopfen der Thymusdrüse. Die Aktivität dieser Drüse nimmt mit den Jahren ab, sagen die Forscher. Durch leichtes Klopfen gibt man einen Impuls an die Drüse, was wunderbar entspannend wirkt und gleichzeitig das Immunsystem stärken soll.

Ziehe Grenzen, schütze deine Energie
Bewusst bleiben ist auch die Lösung, wenn wir es mit unbewussten Menschen zu tun haben oder mit außer Kontrolle geratene Egos und Schutzprogrammen anderer. Es hilft ,auch hier, selbst ruhig zu bleiben und die Situation von außen zu betrachten, inklusive uns selbst darin. Eine sachliche, klare Grenze zu setzen, ist nicht so einfach. Falls das bei dir auch so sein sollte, dann beginne es zu üben und zwar genau da, wo es dir noch leichtfällt. Je öfter du eine klare Grenze in einem sicheren Raum ziehst, umso routinierter wirst du. Du kannst dich dann langsam vorarbeiten, bis du irgendwann bei niemandem mehr eine Scheu hast und dich frei und offen ausdrücken kannst. Das ist nicht so leicht auszuhalten, dass du es der anderen Person oder Gruppe nicht recht machen kannst. Da in deinem Überlebensprogramm jedoch gespeichert ist, dass du die Gruppe zum Überleben brauchst, verursacht diese Tatsache innere Erregung. Es ist also normal, wenn es etwas unangenehm ist, klar Nein zu sagen oder eine andere Art von Grenze anderen gegenüber zu ziehen. Probiere einmal diese drei Schritte aus, um freundlich und deutlich Nein zu sagen. Nutze sie immer, wenn du ruhig bist, damit du sachlich auf das Anliegen der anderen Person schauen kannst.

1. Wertschätzung: Wertschätze die Frage oder das Anliegen der anderen Person. Das zeigt, dass du zugehört hast und das Bedürfnis deines Gegenübers wahrgenommen hast. Wenn du die Position des anderen nicht ehrlich wertschätzen

Die Thymusdrüse sanft zu klopfen tut immer gut.

kannst, signalisiere, dass du sie richtig verstanden hast.

2. Klare Position: Nun sage klar und deutlich, was du nicht willst oder wofür du nicht zur Verfügung stehst. Begründe dies ausschließlich mit deiner eigenen Situation und deinen eigenen Gefühlen.

3. Hilfe anbieten: Hänge sofort ein Hilfsangebot an, was für dich machbar ist und dich nicht stresst. Falls das nicht möglich sein sollte, überlege gemeinsam mit der anderen Person deren nächsten Schritt. Achte auch hier wieder penibel darauf, keine Anklage oder Schuldzuweisung einfließen zu lassen. Ein Beispiel: Auf die Frage: »Gehst du heute mit mir zur Party?«, wäre eine mögliche Antwort: »Wie lieb, dass du mich fragst. Ich verbringe gern Zeit mit dir und freue mich immer darüber. Leider kann ich heute nicht mit dir gehen. Ich fühle mich so müde und geschafft und brauche einen ruhigen Abend. Hast du Lisa schon gefragt, ob sie auch zur Party kommt?«

Meiner Erfahrung nach sorgt dieses Vorgehen für wenig Stress und gutes Verständnis untereinander. Das liegt daran, dass das Nein vom Gegenüber nicht als mangelnde Wertschätzung missverstanden werden kann. Außerdem lernen wir uns in Beziehungen besser kennen, wenn wir ehrlich miteinander teilen, wann wir wozu Lust haben und wann nicht. Zu guter Letzt zeigt Schritt 3, dass wir trotzdem verbunden bleiben und Anteil am Verlauf der Sache nehmen.

> **AUSNAHME: WENN ECHTE GRENZEN ÜBERSCHRITTEN WERDEN**
>
> Eine Ausnahme ist, wenn eine echte Grenze überschritten wurde und jemand dir Schmerz zufügen sollte, verbal oder körperlich. Suche dir augenblicklich Hilfe, solltest du dich unsicher oder unterdrückt fühlen. Du findest Hilfsangebote hinten im Buch. Manchmal ist es auch an der Zeit, eine Freundschaft oder ein familiäres Band zu durchschneiden, weil die eigenen Grenzen nicht beachtet werden. Sorge für dich. Jeder von uns hat es verdient, sich sicher und gut zu fühlen.

Solltest du in einem Umfeld sein, die sich für dich toxisch anfühlen, oder mit Menschen zu tun haben, die dir deine gute Energie klauen wollen, dann wird es Zeit, dich auch energetisch zu schützen. Ich ziehe immer eine kleine Schutzschicht um mich, wie einen Mantel, wenn ich beispielsweise größere Gruppen unterrichte oder mit Klienten in intensiven Coachings arbeite. Nicht, weil mir Gefahr droht, sondern um im Prozess jederzeit in meiner Kraft zu bleiben. Deine Energie kannst du lernen zu schützen. Dies ist meine Lieblingsmethode:

Atme tief und lang ein und aus. Schließe deine Augen. Beobachte einige Atemzüge lang deinen Atem, bis du ein Gefühl für deine Energie bekommst. Sie ist wie ein Feld um dich und in dir. Ich stelle mir meine Energie gern wie ein strahlendes Licht vor, das sich ausdehnt und aus meiner Mitte bis über die Grenzen meiner Haut in den Raum scheint.

Stelle dir vor, dass dieses Licht dich schützt und du dieses Licht schützt. Lege in deinen Gedanken einen Umhang um dein Licht. Bleibe einen Moment in der Visualisierung deines geschützten Lichtes, bevor du die Augen öffnest.

Wenn du einmal beginnst, mit deiner Energie zu arbeiten, werden immer feinere Wahrnehmungen möglich. Du wirst bemerken, welche Situationen dich Energie kosten und welche dir Energie schenken. Das ist sehr bereichernd, denn du kannst dies ebenfalls als Kompass nutzen. Folge allem, was dir Energie schenkt und dein Wohlbefinden stärkt, und meide alles, was dich schwächt und deine Energie kostet

Verabschiede dich von Vorurteilen

Eine Sache, die wir aufgeben dürfen, um mit anderen vertrauensvolle Beziehungen führen zu können, ist unsere Angewohnheit, permanent zu urteilen beziehungsweise zu verurteilen. Jedes Urteil, das wir über andere fällen, sagt etwas aus über uns und über den Maßstab, an dem wir die Welt, und damit auch uns selbst, messen. Von der Warte unseres wahren Selbst aus ist ein Urteil unwichtig. Es wird lediglich von unserem Geist und Ego gefällt. Eine tolle Übung ist es, zu beobachten, ohne zu urteilen. Diese klassische Achtsamkeitspraxis kennst du schon. Sie zeigt uns meist schnell, wie schwierig es ist, völlig urteilsfrei zu bleiben. Gabby Bernstein rät in ihrem

Buch »Judgement Detox«[41] dazu, die eigenen Urteile gründlich zu untersuchen, um sie aufgeben zu können. Jedes Urteil fühlt sich im Nachhinein nicht gut an und zieht ein Gefühl von Schuld nach sich. Wer einmal so richtig schlimm gelästert hat, weiß, glaube ich, was ich meine. Erst mag es sich lustig anfühlen, denn Lästern scheint eine Verbrüderung mit dem Gegenüber möglich zu machen. Doch die Freude über die dadurch ausgeschütteten Bindungshormone währt nur kurz. Schon kurz darauf macht sich bei den meisten Unsicherheit breit. Wie wohl über mich geredet wird, wenn ich nicht dabei bin? Ob das wohl richtig war? Diese Art der negativen Unterhaltung stresst uns. Gabby Bernstein empfiehlt vier Schritte, um die Ursache unseres Urteils zu erkennen und zu heilen.

ÜBUNG 31: VERSTEHE DEINE URTEILE

Zeichne eine Tabelle mit 4 Spalten, in die du deine Antworten eintragen kannst. Du willst deine Antworten pro Urteil nebeneinanderschreiben, sodass du die jeweilige Abfolge deiner Gedanken gut nachvollziehen kannst. Wie immer ist es sehr wichtig, dass du zu dir selbst ehrlich bist. Das fühlt sich bei einem Thema wie diesem vielleicht kurzzeitig nicht so gut an, wird dich aber einen Riesenschritt weiterbringen.

1. In die erste Spalte schreibe die Menschen, Begebenheiten oder Dinge auf, die du verurteilst oder kritisch beurteilst.

2. In der zweiten Spalte notiere, wie du dich fühlst, wenn du so urteilst. Manchmal fühlen wir uns ein wenig besser oder schlauer als die andere Person. Manchmal scheint uns unser Urteil auch vor etwas zu schützen. Schreibe aber auch auf, wie es weitergeht. Häufig folgt auf das gute erste Gefühl der oben beschriebene »Lästerkater«.

3. Warum denkst du, es wäre dein gutes Recht, diese Person, Begebenheit oder Sache zu verurteilen? Schreibe nun dein Mindset auf. Hierzu gehört alles, was dich im Recht sein lässt und dich in deinem Weltbild bestätigt. All dies notierst du in der 3. Spalte.

Auf der nächsten Seite geht es weiter ⟶

> 4. Wo ist diese Wunde entstanden, die das Weltbild, das du in der 3. Spalte notiert hast, gefördert hat? Denke einen Moment nach, wann dein Ego einmal verletzt wurde und entschieden hat, sich ab jetzt in solchen Momenten oder vor solchen Menschen innerlich zu schützen?
>
> Suche mehrere Beispiele, je verschiedener, desto besser! Finde all die Momente, in denen du nicht mit deinem wahren Selbst verbunden bist, sondern eher kleinlich, kritisch und missgünstig auf die Welt schaust.

Es ist spannend zu erkennen, wie sehr wir unsere alten Erfahrungen in unser heutiges Weltbild projizieren. Bisweilen mögen wir Menschen nicht, weil sie uns an jemanden erinnern. Oder eine bestimmte Art drückt einen alten Knopf. Urteile sind häufig Schutzmechanismen, aber nicht immer.

Auf jeden Fall kannst du für die aufkommenden Wunden und Erinnerungen die Übungen im ersten Teil nutzen oder die Byron-Katie-Methode anwenden. Jedes Urteil ist ein Angriff auf dich selbst. Er bringt Unruhe und Unsicherheit in deinen Geist, genauso wie in die Welt. Zeit, damit aufzuhören, egal ob auf einer individuellen Ebene oder auf einer allgemeineren. Dann heißen Urteile halt Vorurteile und auch diese kannst du bearbeiten. Die Welt wird bunter, wenn sich die Scheuklappen öffnen.

LEBE IN LIEBE

Die Zeit, die jetzt für uns alle anbricht, wird mehr und mehr eine Zeit des Miteinanders werden. Da bin ich sicher. Wir werden Neid, Eifersucht und Mitleid hinter uns lassen und Platz machen für gegenseitige Ermutigung, Gemeinsamkeiten und Mitgefühl. Alle Gefühle, die uns eher von anderen trennen und unterscheiden, sind Gefühle aus alten Wunden.

Du kannst mit jedem Gefühl arbeiten, das dir bewusst wird. Wann immer du dich klein, hilflos, traurig oder wütend fühlst, schau genau hin. Entlarve die Glücksräuber in deinem Kopf mit ihren Strategien und Programmen. Mache das zu deiner Aufgabe. Achte allerdings darauf, dich dabei nicht selbst zu verurteilen. Das ist wichtig, denn sonst läufst du Gefahr, dass deine guten Absichten zu einer Selbstoptimierungsschleife mit dem Titel »Guter Mensch werden« verkommen. Freue dich lieber jedes Mal, wenn du dich wieder bei einem Gedanken oder einer Handlung aus deinem Ego heraus erwischst. Wie gut, dass du das bemerkst! Welcher Fortschritt! Atme durch und schau hin, was dir dieses Gefühl gerade sagen will.

Du kannst jede Emotion in deinem Tempo klären und bearbeiten. Während du auf dem Weg bist, wird dir vielleicht erst einmal auffallen, wie oft du dich in solch hinderlichen Mustern und alten Wunden verlierst. Doch Schritt für Schritt kannst du dich in deinem Tempo befreien, ganz nach deiner eigenen Lust und Laune. Mache dir also keinen Stress, aber mache auch den anderen keinen Stress.

Wenn wir uns selbst auf den Weg machen und immer mehr Bewusstheit über unsere bisher unbewussten Programme und Bewertungen erlan-

gen, verleitet uns unser Ego manchmal, uns über andere zu stellen. Plötzlich sehen wir total klar, wie sich beispielsweise eine Freundin selbst im Wege steht, und statt ihr zur Seite zu stehen und sie in ihrem Tempo ihre Erfahrungen machen zu lassen, mischen wir uns mehr ein, als wir sollten. Im Zweifel schütten wir unsere ganze frische, subjektive Weisheit über den Menschen in unserem Umfeld aus. Das ist häufig gut gemeint, aber es tut nicht gut. Ich weiß, wovon ich spreche, denn tatsächlich haben Freundinnen schon aufgehört mir etwas zu erzählen, weil sie »dieses Mal keine Ratschläge« gebraucht haben.

Jeder von uns ist auf dem gleichen Weg, die Frage ist nur, wo wir gerade sind und wie wir reisen. Es gibt nicht die eine Art, wie wir unsere Lebensreise angehen müssen. Jeder gibt sein Bestes. Richtig schwierig wird es, wenn wir sehen, wie jemand auf einen Abgrund zurast. Manchmal müssen wir dann etwas sagen. Doch sei vorsichtig vor jeder Art von Co-Abhängigkeit oder Helfersyndrom. Unser Ego mag es, wenn wir gebraucht werden, doch gleichzeitig kann dies unseren eigenen Prozess und den Prozess unseres Gegenübers aufhalten. Helfen ist eine feine Sache und immer wichtig, allerdings auf Augenhöhe und ohne den eigenen Weg für den besten zu halten.

Hierzu brauchst du die Kraft des Mitgefühls, nicht des Mitleids. Du erkennst Mitleid daran, dass du den Spiegelneuronen in deinem Gehirn freie Bahn gibst. Die sogenannten Spiegelneuronen sorgen für dein Mitgefühl. Sie »spiegeln« sozusagen das, was andere empfinden und erleben. Dadurch sorgen sie dafür, dass du dir vorstellen kannst, wie es wäre, wenn dir das Gleiche passieren würde. Durch sie kannst du mitfühlen. Wenn du ihnen freie Bahn gibst und du deine Energie nicht schützt, übermannen dich schnell die Gefühle und du bist vielleicht noch aufgelöster als der Protagonist der Geschichte. Mitgefühl hingegen fühlt mit, ohne selbst zu leiden. Hierzu kannst du den Schutz deiner Energie aktivieren und dich auf deinen »Umhang« besinnen, wann immer die Gefühle der anderen Person dich zu überwältigen scheinen.

Ich stelle mir gern vor, dass ich in einem Feld aus hellem Licht sitze, in das die Traurigkeit oder Wut meines Gegenübers nicht eindringen kann. Aus dieser sicheren Perspektive heraus kann ich wahrnehmen und einen Raum für das Leid des anderen Menschen schaffen. Wenn du bewusst bleibst und anderen die Möglichkeit gibst, sich ganz zu zeigen, lassen die negativen Gefühle schnell nach. Wie eine Welle knallen sie nicht gegen eine Barriere, sondern laufen langsam aus, wie an einem weiten Strand. Das ist für die meisten Menschen erleichternd und, funktioniert jedoch, wenn du nur mitfühlst, ohne mitzuleiden.

Atme und tauche also nicht ganz in fremde Geschichten ein.

Abschließend sei noch gesagt, dass Helfen für beide Seiten häufig ein Gewinn ist. Du wirst dich immer besser fühlen, wenn du jemandem aus freien Stücken hilfst.

Betrachte allerdings, die Tiefpunkte deines Umfelds ab und zu aus einer anderen Perspektive. Nicht immer ist es gut einzuschreiten. Manchmal kann es besser sein, wenn du nur deine Hilfe anbietest und signalisierst, dass du da bist. Erinnerst du dich noch an deine Tiefpunkte? In manchen Fällen brauchen Menschen einen richtigen Tiefpunkt, damit eine tiefgreifende Veränderung möglich wird. Es kann also heilsam sein, nicht gerettet zu werden. Sei daher achtsam, ob deine Hilfe erwünscht und zielführend ist. Eventuell verzögerst du mit ihr nur einen notwendigen Schritt für dein Gegenüber.

Manchmal kann es guttun, wenn du ein Versagen möglich machst und weiter in der Nähe der Person bleibst. Du siehst, die Sache mit den anderen Menschen ist nicht so leicht und fordert uns wahrscheinlich immer wieder.

DER FINALE SCHRITT: VERGIB AUF ALLEN EBENEN

Um das Licht in alle Bereiche deines Lebens strahlen zu lassen und deinen inneren Glücksplaneten vollends zu bewohnen, fehlt noch ein letzter Schritt auf unserer Reise: die Vergebung. Vergebung ist mehr eine Intention als eine Tat. Also nichts, was du einmal durchziehst und dann abhaken kannst. Die Vergangenheit, alles, was dir widerfahren ist, ist gespeichert.

Sollten alte Schuldzuweisungen in dir sein, ist es wichtig, diese zu heilen. Alter Groll, alte Schuld und Scham können dich dauerhaft krank machen. Es wird also Zeit, zu vergeben.

ÜBUNG 32: DAS VERGEBUNGSRITUAL

Es gibt zwei Vergebungsrituale, die ich als äußerst wirksam erachte.

Ritual 1: Die tägliche Vergebungspraxis

- Sitze am Abend in Ruhe und schließe die Augen. Atme tief und entspanne dich.

- Gehe deinen Tag ungefähr chronologisch innerlich durch. Finde alle Augenblicke, die sich nicht so gut angefühlt haben, und nutze die Technik des Dissoziierens. Du siehst hierbei auch dich selbst in diesen Momenten wie eine Hauptdarstellerin in einem Film. Atme tief und in jeder Situation, vergib den anderen und dann vergib dir. Sage: »Ich bin bereit, das zu vergeben. Ich lasse das los.«

- Atme durch und schließe jede Situation ab, indem du das Bild dieses Augenblicks strahlend hell werden lässt, bis es im Weiß verschwindet.

- Du kannst danach deine tägliche Dankbarkeitspraxis nahtlos anschließen, das tut sehr gut.

- Als abschließenden Schritt stelle dir vor, dass helles goldenes Licht auf dich hinunterscheint und dich und deine Energie reinwäscht und einhüllt. Denke: »Ich bin Liebe.«

- Wenn du kannst, schlafe mit diesem Gedanken ein.

Ritual 2: Die große Vergebungspraxis für besondere Anlässe

- Dieses Ritual eignet sich für das Vergeben und Verabschieden alter Geschichten in Verbindung mit Menschen aus deinem Leben. Du kannst damit auch verstorbenen Elternteilen oder früheren Freunden vergeben oder sogar ehemalige Persönlichkeitsmerkmale von dir selbst sanft verabschieden. Vertraue darauf, dass du spüren wirst, wann diese Praxis angebracht ist.

- Kaufe einen großen, prächtigen Blumenstrauß. Solltest du keine Blumen mögen, kaufe etwas anderes von ähnlich kurzer Haltbarkeit.

- Setze dich in Ruhe zu dem Strauß und beginne einen Brief an die Person oder dein früheres Selbst zu schreiben. Honoriere alles, was gut war, und schreibe

Auf der nächsten Seite geht es weiter →

- ehrlich auf, was schwer war. Dann schreibe einen Satz, der deine Intention zu verzeihen, ausdrückt. Schreibe in deinen Worten so etwas wie: »Ich bin bereit, dir zu verzeihen, und ich bin bereit, mir zu verzeihen und all das hinter mir zu lassen.« Zum Abschluss wünsche euch beiden, immer in Frieden und Liebe zu sein.

- Stelle den Brief an den Blumenstrauß und sitze nun jeden Tag einige Minuten vor dem Strauß. Honoriere diesen Teil deiner Geschichte. Nimm ihn an und merke während der Strauß langsam verwelkt, dass du all das gehen lassen kannst. Zeit fließt und du hast lange festgehalten. Nun kannst du loslassen.

- Wenn der Strauß verwelkt ist, wirf ihn weg. Verbrenne den Brief auf sichere Art oder reiße ihn in viele kleine Stücke und entsorge ihn ebenfalls.

- Schaffe Platz für etwas Neues. Stelle an die Stelle der Vase nun etwas, was dich an Neuanfang, Liebe und Freude erinnert.

Solange wir an altem Groll festhalten, können wir nicht frei nach vorn gehen. Es ist, als würden wir in den Rückspiegel schauen, während wir Auto fahren. Wir verpassen alles und verweilen in der alten Emotion. Darum ist Vergebung so wichtig. Sie macht uns frei. Übe weiter, lasse dich vom Leben und von deinem Umfeld herausfordern. Vertraue dir selbst. Du wirst deinen Weg in deinem Tempo gehen und wirst mehr und mehr herausfinden, dass das Leben für dich spielt.

MACHE ES DIR AUF DEINEM GLÜCKSPLANETEN SO RICHTIG GEMÜTLICH

Nun bist du am Ende unseres gemeinsamen Weges angekommen. Eine Reise liegt hinter dir und ich hoffe, du hast jetzt den versprochenen bunten Strauß an Ideen und Techniken bekommen und bist motiviert, all das anzuwenden und so in Leichtigkeit deinen eigenen Glücksplaneten wieder und wieder zu finden. Mache es dir auf ihm gemütlich. Er ist dein Zuhause.

Vergiss nie: Du bist Liebe, Güte, Toleranz und Freundlichkeit. Du bist liebendes Bewusstsein. Es ist okay wenn du im Alltag nicht dauerselig durch die Gegend tanzt. Ich bin auch weit davon entfernt. Deine Aufgabe ist einfach nur, dranzubleiben, in Leichtigkeit und ohne Anstrengung. Erinnere dich immer wieder selbst daran, wer du wirklich bist. Nur du bist für dein eigenes Glück verantwortlich und nur du kannst deinen Planeten finden.

Was immer dir bis hierhin geholfen hat, gib es weiter. Je mehr du lehrst und deine Erfahrungen teilst, umso mehr lernst du. Darum sind wir auch hier, um zu teilen, was uns geholfen hat, und unsere Geschichten zu erzählen. Damit ermutigen wir uns gegenseitig. Darum gibt es dieses Buch. Ich möchte Danke sagen, dass du Lust hattest, ein Stück Weg mit mir zu gehen.

Quellenangabe:
1. Besser-Siegmund, Cora, https://besser-siegmund.de
2. Grawe, Klaus: Neuropsychotherapie, Hogrefe, 2004
3. Seligman, Martin: Flourish – Wie Menschen aufblühen, Kösel-Verlag, 2011
4. Eagleman, David: The Brain, Pantheon Verlag, 2017
5. Tolle, Eckart: Eine neue Erde, Arkana, 2005
6. Bierhoff, Hans-Werner: Sozialpsychologie, Kohlhammer, 2000
7. Bierhoff, Hans-Werner: Sozialpsychologie, Kohlhammer, 2000
8. Singer, Michael A.: Die Seele will frei sein, Ullstein, 2016
9. Schmidt-Tanger, Martina: Veränderungscoaching, Jungfermannsche Verlagsbuchhandlung, 1999
10. Duve, Karen: Anständig essen, Kiebenheuer & Witsch, 2011
11. NLP Professional, https://nlp-professional.de
12. Öttingen, Gabriele: Die Psychologie des Gelingens, Droemer, 2017
13. Tolle, Eckart: Eine neue Erde, Arkana, 2005
14. Tan, Chade-Meng: Search inside yourself, Arkana, 202
15. https://www.nlp.ch/metasmile_online/details/4-stufen-des-lernens
16. Dalai Lama, Tutu Desmond: Das Buch der Freude, München, Lotos Verlag, 2016
17. Davidji: Meditation erleben, Scorpio Verlag GmbH & Co. KG, 2012
18. Krasno, Jeff: Yoga oder die Kunst, sich selber zu finden, Random House, 2016
19. Elliott, David: https://www.davidelliott.com
20. Hof, Wim: https://wimhof-methode.de
21. Singh, Sat Hari: Das Herz des Yoga, Ullstein Buchverlage GmbH, 2013
22. Die Wingwave App: https://wingwave.com/wingwave-app/
23. Besser-Siegmund, Cora und Siegmund, Harry: Wingwave Coaching, Jungfermann Verlag, 2015
24. Besser-Siegmund, Cora und Siegmund, Lola Ananda: Work-Health Balance, Humboldt, 2016
25. Hay, Louise L.: Gesundheit für Körper und Seele, Belrin, Ullstein Buchverlag, 2015
26. Podcast Radikal Glücklich, Folge 61,5
27. Hay, Louise L.: Heile deinen Körper, Lüchow in J. Kamphausen Verlag, 2013
28. Busson, Su: Ich.Bin.Jetzt., Kremayr & Scheriau KG, 2013
29. Purps-Pordigol, Sebastian: Führen mit Hirn, Frankfurt am Main, Campus Verlag, 2015
30. Byron, Katie: Lieben was ist, Arkana, 2002
31. Die Seite zu Katie Byrons Arbeit: https://thework.com/
32. Simmra, Anton: Ashtanga Yoga, Taschen, 2005
33. Kagge, Erling: Stille, Insel Taschenbuch, 2019
34. Bernstein, Gabrielle: https://gabbybernstein.com
35. Chopra, Deepak, und Winfrey, Oprah, on Supersoul Conservations, https://youtu.be/C-rMKCG01Xc
36. Hicks, Esther und Jerry: Wünschen und bekommen, Ullstein Buchverlage, 2019
37. Miriam Dierks: https://www.liebaeugeln.com
38. Tolle, Eckart: https://eckharttolle.com
39. Ein Kurs in Wundern: Greuthof Verlag, 2014
40. Rumi: https://de.wikipedia.org/wiki/Rumi_(Dichter)
41. Bernstein, Gabrielle: Judgment Detox, North Star Way, 2018

Anhang:
Hilfe bei Depressionen und Angststörungen:
- https://www.deutsche-depressionshilfe.de/start
- https://www.ndr.de/ratgeber/gesundheit/Depressionen-Hier-gibt-es-Hilfe-und-Beratung,depression252.html

Hilfe für Opfer von Gewalt:
- https://weisser-ring.de

Danksagung

Dieses Buch wäre ohne meine Familie und Freundinnen, ohne Mentorinnen und Lehrerinnen nicht möglich gewesen. Ich will versuchen, den wichtigsten Menschen hier zu danken.

Von Herzen danke ich meinem Supermann Daniel, der mich stets ermutigt, beruhigt und zum Lachen bringt und mir immer wieder zeigt, wie viel Liebe uns verbindet. Meinen tollen Kindern Joshua, Laurin und Mats danke ich für all die guten Ratschläge, Liebe, Toleranz und die Möglichkeit gemeinsam zu wachsen. Ihr seid mein Motor. Meiner zweiten Mama Christina danke ich für offenes Ohr, für herzlichen Pragmatismus und immerwährende Unterstützung. Meinem wunderbaren Papa danke ich für all die Zeit, Liebe und das Vertrauen. Ihr seid mein Fels in der Brandung – ich bin froh, mit euch durchs Leben gehen zu dürfen.

Ich danke meiner Coaching- und NLP-Lehrerin Martina Schmidt-Tanger für unterhaltsame und kompetente Ausbildungen, die wunderbar unterstützend waren.

Mein Dank gilt zudem Miriam Dierks, die die Bilder in diesem Buch und noch viele mehr gemacht hat. Mit dir fühlt man sich immer wohl und du hast ein einzigartiges Auge. Ebenso danke ich dem Team des Nymphenburger Verlags, insbesondere meiner Lektorin Ramona Imhof und dem Programmdirektor Stefan Raps, die voller Vertrauen und Mut mit mir in dieses Projekt gesprungen sind und es so kompetent und mutig realisiert haben.

Zuletzt möchte ich allen Glücksplanet-Lesern auf allen Kanälen und den Hörern meines Radikal Glücklich Podcasts danken. Ohne euch hätte ich niemals den Mut gehabt, das hier zu wagen.

Voller Freude und Glück,

Silja

Bildnachweis
86 Farbfotos wurden von Miriam Dierks für dieses Buch aufgenommen.

Mit 86 Farbfotos von Miriam Dierks (www.liebaeugeln.com)
Mit 2 Illustrationen von Ulrike Vohla und 1 Illustration von Shutterstock (Weltkugel).

Impressum
Umschlaggestaltung von Gramisci Editorial Design, München / Claudia Geffert
unter Verwendung von 12 Farbfotos von Miriam Dierks.
Die Fotos zeigen Silja Mahlow.

Mit 98 Farbfotos und 3 Farbzeichnungen.

Alle Angaben in diesem Buch erfolgen nach bestem Wissen und Gewissen. Sorgfalt bei der Umsetzung ist indes dennoch geboten. Der Verlag und der Autor übernehmen keinerlei Haftung für Personen-, Sach- oder Vermögensschäden, die aus der Anwendung der vorgestellten Materialien, Methoden oder Informationen entstehen könnten.

Unser gesamtes Programm finden Sie unter **kosmos.de/nymphenburger**

Gedruckt auf chlorfrei gebleichtem Papier

© 2021 nymphenburger in der
Franckh-Kosmos Verlags-GmbH & Co. KG,
Pfizerstraße 5-7, 70184 Stuttgart
 Alle Rechte vorbehalten
ISBN 978-3-96860-011-6
Projektleitung und Redaktion: Ramona Imhof
Gestaltungskonzept: Gramisci Editorial Design/Claudia Geffert, München
Gestaltung und Satz: Grafikdesign Storch/Ulrike Vohla, Rosenheim
Produktion: Angela List
Druck und Bindung: FIRMENGRUPPE APPL, aprinta druck, Wemding
Printed in Germany / Imprimé en Allemagne

Führe das Leben, das dir gut tut

Susana Garcia Ferreira hat eine Methode entwickelt, dem eigenen Lebenssinn auf die Spur zu kommen: mit der Kraft der Intention. In ihrem Buch zeigt sie, wie man herausfindet, was die eigenen Intentionen sind und wie man immer wieder einen Zugang zu ihnen findet. Mit dem Rhythmus des Mondes gibt sie ihren Leserinnen ein Tool an die Hand, das hilft, den Weg fokussiert und zielgerichtet zu gehen. Dabei geht es nicht um Selbstoptimierung, sondern um Selbstfindung, Glück, Erfüllung und inneren Reichtum, also darum, den eigenen Sinn des Lebens zu entdecken und zu leben – authentisch, geerdet und gelöst.

Susana Garcia Ferreira
LEBE DEINE INTENTION
144 Seiten · ISBN 978-3-96860-005-5

Schmerzfrei am PC durch Faszien-Yoga

Viele Menschen leiden durch die Tätigkeit am PC an schmerzenden Handgelenken, einer steifen Schultern-Nacken-Region und Spannungskopfschmerzen. Dieses Buch der renommierten Yogalehrerin Lucia Nirmala Schmidt zeigt erstmals, wie man durch gezieltes Training der Faszien die Körperstruktur in diesen Bereichen neu ausrichtet und ordnet. So verschwinden nicht nur die Schmerzen, sondern man wird auch beweglicher und bekommt eine gesunde, aufrechte Haltung. Mit Übungen zur Selbsttherapie und vielen Tipps für den Alltag.

Lucia Nirmala Schmidt
FASZIEN-YOGA
160 Seiten · ISBN 978-3-96860-024-6

kosmos.de/nymphenburger

Finde neue Leichtigkeit durch Klopfen

Die Tapping-Methode zeigt, wie eng Körper und Geist zusammenarbeiten. Sie unterstützt dich dabei, negative Gefühle loszulassen und positive Glaubenssätze zu verankern. Du kannst das Tapping jeden Tag üben und so deinen Geist nach und nach von allem Stress befreien. Das Aussprechen deiner stressfördernden und stresslösenden Gedanken mit gleichzeitigem sanften Klopfen der Meridianpunkte hilft deinem Körper, sich zu entspannen.

1. VORBEREITUNG

Vorbereitung: Finde heraus, wie es dir geht, und identifiziere dein Tapping-Thema. Bewerte auf einer Skala von 0 (= gar nicht) bis 10 (= total), wie stark du das gerade fühlst oder nicht fühlst. In unserem Beispiel würdest du den Grat der Anspannung bewerten.

Du beginnst mit dem Klopfen deiner Handkante und setzt dein momentanes (negatives) Gefühl oder Thema ein. Sage, wenn möglich laut: „Obwohl ich gerade … (Angst habe/traurig bin/…), liebe und akzeptiere ich mich, wie ich bin." Wiederhole diesen Satz zusammen mit dem Klopfen drei Mal.

2. TAPPING-RUNDEN

Äußere bei jeder Runde dein Gefühl: So wie es ist, was es in dir bewirkt und was du gern ändern möchtest. Ein Beispiel für eine mögliche Runde siehst du auf den beiden Klappen rechts.

3. ABSCHLUSS

Beende das Tapping, indem du deinen Wunsch mit den Worten „…in Körper, Geist und Seele" wiederholst: auf dem Kopf, der Mitte der Stirn, über der Oberlippe, auf dem Kinn und auf der Mitte deines Brustkorbs. Schließe dann deine Augen und atme tief durch. Kehre zurück zu deinem Gefühl: Auf einer Skala von 0 (= Ich spüre mein negatives Gefühl gar nicht mehr) bis 10 (= Ich fühle es sehr stark). Wo stehst du?